갖고 싶은 디자인 비누

갖고 싶은 디자인 비누

초판 1쇄 2018년 11월 15일
초판 2쇄 2019년 1월 11일

지은이 정수빈

발행인 이상언
제작총괄 이정아
편집장 손혜린
진행 김수영
사진 정수빈, 정영교
디자인 nice age

발행처 중앙일보플러스(주)
주소 (04517) 서울특별시 중구 통일로 86 4층
등록 2008년 1월 25일 제2014-000178호
판매 1588-0950
제작 02-6416-3934
홈페이지 www.joongangbooks.co.kr
페이스북 www.facebook.com/hellojbooks

ⓒ 정수빈, 2018

ISBN 978-89-278-0972-2   13630

중앙북스는 중앙일보플러스(주)의 단행본 출판 브랜드입니다.

세상에 단 하나뿐인
나만의 천연비누를 디자인하다

갖고 싶은
디자인 비누

유명 '디자인솝' 마스터의 100% 리얼 비법을 고스란히 담았다

정수빈 지음

중앙books

CONTENTS

 Part 1 BASIC SOAP 베이직 비누 … 46

고대미 비누
48

숯 비누
52

카렌듈라 허브 비누
56

호호바 비즈 스크럽 비누
60

올리브 마르세유 비누
64

팜프리 비누
68

엑스트라 버진 코코넛 비누
72

산양유 비누
76

레드와인 비누
80

노니 비누
84

실크볼 비누
88

월계수 비누
92

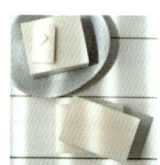
친환경 세탁 비누
96

어렵게 느껴지는 디자인 비누,
친구에게 설명하듯 쉽고 상세하게 담았습니다.

천연비누를 시작한 지 어느덧 14년이라는 시간이 흘렀습니다.
오랜 시간 연구하며 꾸준히 이 길을 걸어왔고 현재는 서울과 대구, 그리고 중국에서 디자인 비누 강의를 하고 있습니다.

생각보다 많은 분들이 '시중 제품을 쉽게 구할 수 있는데 군이 천연비누를 만들어야 하나?' 라는 질문을 합니다. 천연비누를 만드는 일은 적합한 레시피와 좋은 재료를 준비하는 것부터 시작됩니다.
나와 가족, 친구의 피부에 맞는 재료들로 레시피를 구성하고, 신선한 재료들을 꼼꼼하게 준비해 하나하나 정성껏 손으로 만드는 과정을 통해 세상에 단 하나뿐인 맞춤형 천연비누가 완성됩니다.
어쩌면 귀찮고, 어쩌면 소소한 이 과정들은 아날로그적 삶의 따스함을 느끼게 해줍니다.

이 책에서는 피부에 편안함을 주는 것은 물론,
심플하면서도 고급스러운 천연비누를 소개하고 있습니다.
천연비누는 어딘가 모르게 투박하다는 사람들의 편견을 바꾸면서, 천연비누의 상품 가치도 높여보고 싶었습니다.
이것은 곧 천연비누를 사용하는 저와 여러분의 가치도 함께 높아지는 길이니까요.

제가 평소 만들어왔던 약 150가지의 디자인 비누 중에서 엄선하여 43개의 레시피를 실었습니다.
천연비누를 처음 접하는 분들도 디자인 비누에 어렵지 않게 도전해 볼 수 있도록 모든 레시피들은 만드는 과정 사진과 설명들을 상세하게 담았습니다.
필요한 도구와 재료의 소개는 물론, 그에 대한 이론도 자세하게 정리했습니다.

디자인 비누는 보기엔 좋지만 피부에 사용하기엔 꺼려진다는 분들이 간혹 계십니다.
이 책에 담긴 비누들은 모두 적당한 세정력을 가짐과 동시에 피부에 자극이 되지 않도록 간결한 레시피로 구성되어 있습니다.

전체 내용은 난이도에 따라 Basic Soap과 Design Soap I, Design Soap II 로 나누었습니다.
비누를 처음 만들어 보시는 분이라면 이론과정과 함께 Basic Soap부터
차근차근 따라 만들어 보시길 권해드립니다.
하나씩 만들어 보시면 Design Soap I과 Design Soap II 의 비누들도
어렵지 않게 만드실 수 있을 것이라 생각합니다.

어설프게 따라하기만 하는 디자인 비누가 아닌 모든 과정을 이해하고 능숙하게 만드는 여러분이 되길
바라는 마음으로 지면이 허락하는 한 최대한 욕심을 내어 책을 구성했습니다.

이 책이 여러분에게 절대 딱딱하게 다가가지 않았으면 합니다.
때로는 에세이처럼 한 번 쯤 가볍게 읽어볼 수도 있고, 요리를 하듯 재미있게 따라 만들 수 있는 레시피북이길 바랍니다.
여러분들이 디자인 비누를 만들 때 늘 옆에 두고 참고하실 수 있는 책이길 '감히' 기대합니다.

끝으로 이 책을 만드는 데 많은 도움을 주신 한국아로마테라피 강사협회의 정선아 협회장님과 제가
하는 일을 항상 믿고 응원해주시는 부모님께 진심으로 감사드립니다.

작가 정수빈

LESSON **1** | 천연비누란?

◆천연비누

천연비누는 시중에서 판매되는 일반비누와 달리 순수한 오일과 가성소다수용액을 교반하여 비누화 과정을 통해 완성되는 비누를 말합니다. 비누 제조 시 생성되는 글리세린으로 인해 세안 후 피부 당김 현상이 적고, 피부 보호막을 형성해 피부를 촉촉하고 부드럽게 하는 데 도움을 줍니다. 또한 합성 인공향이 아닌 허브나 꽃에서 추출한 천연 에센셜오일을 첨가하면 부가적인 기능도 기대해볼 수 있습니다. 무엇보다도 여러 가지 오일 중 원하는 오일을 선택해 각자의 피부 타입에 맞는 비누를 만들 수 있어 개인의 만족도를 높일 수 있는 것이 가장 큰 특징입니다.

◆일반비누

시중에서 판매되는 일반비누는 지속적인 거품과 단단함과 향을 오랫동안 유지하기 위해 합성방부제, 경화제와 인공 향료 등 여러 화학물질들을 첨가해 만듭니다. 이러한 화학물질들은 피부에 자극을 줄 수 있고 트러블을 일으키는 원인이 되기도 합니다. 특히 세정력을 높이기 위해 첨가되는 합성계면활성제는 피부의 보호막을 약하게 하여 피부에 자극이 될 수도 있습니다. 빠른 시간 안에 대량으로 제작하다 보니 시간 단축을 위해 비누 제조 시 얻을 수 있는 글리세린을 제거한 후 작업을 하여 이로 인해 피부 당김과 가려움을 유발할 수 있습니다.

천연비누의 종류

천연비누의 종류	설명
MP비누	MP는 'Melt & Pour'의 약자로 '녹여서 붓는다'는 의미를 갖고 있습니다. 비누 만드는 방법 중 가장 간단하고 위험성이 적기 때문에 아이들도 같이 만들 수 있으며 완성 후 바로 사용이 가능하고 컬러와 모양이 다양한 비누를 만들 수 있습니다. MP비누의 주재료인 비누베이스는 공장에서 만들어져 나오는 것으로 CP비누나 HP비누만큼 천연에 가깝다고 보기는 어렵습니다. 또한 비누베이스를 녹여 만드는 과정에 좋은 성분들을 첨가한다고 하여 CP비누나 HP비누처럼 천연성분 비율이 월등히 높은 비누로 완성되는것은 아닙니다.
CP비누	CP는 'Cold Process'의 약자로 천연비누의 가장 대표적인 방법으로 만들어지는 비누로 '저온법 비누'라고도 합니다. CP비누는 순수한 오일을 직접 선택하고 가성소다수용액을 교반하여 원하는 첨가물과 에센셜오일을 넣어 자신의 피부 타입에 맞는 비누를 만들 수 있습니다. 이 책에서 주로 다루고 있는 비누들이 바로 CP비누입니다.
HP비누	HP는 'Hot Process'의 약자로 투명비누 혹은 글리세린비누라고 합니다. HP비누는 중탕법과 비중탕법이 있습니다. 고온에서 만들어지기 때문에 완성하고 2주 이상 지나면 사용이 가능합니다.
물비누	물비누는 CP비누의 액체 형태로 오일과 가성가리(수산화칼륨, KOH)를 반응시켜 주로 샴푸, 바디클렌저 등을 만들때 쓰이는 방법으로 페이스트 즉, 반고체 상태이며 완성하고 2주 이상 지나면 희석하여 사용이 가능합니다.
리배칭비누 (Rebatching)	비누를 재활용하는 방법 중 하나로 자투리 비누 등을 한데 모아 만드는 비누입니다. 완성된 CP비누가 마음에 들지 않거나 비누를 트리밍하고 남은 비누를 활용하여 만들며 다시 한번 열을 가하기 때문에 부드럽고 순한 비누가 만들어집니다.

저온법 비누(Cold Process)

일반적으로 '천연비누'라고 하면 대부분 저온법으로 만들어진 비누를 말하며 'CP비누'라고도 합니다.

CP비누는 기능성 비누를 만들 때 가장 일반적으로 사용하는 방법입니다. 비누화 반응을 거쳐 순수한 비누 성분과 글리세린이 남게 되며 건조기간이 끝난 비누에는 가성소다가 전혀 남아 있지 않게 됩니다. CP비누는 비누화 반응이 끝난 후에도 계속적으로 서서히 반응이 일어나므로 사용하기까지는 4주 이상의 시간이 필요합니다. 이 기간을 건조기간이라고 합니다.

비누가 되는 과정

비누는 레시피가 같아도 교반 시 상황, 시간, 기온이나 습도, 보온 상태에 따라 변수가 많아 그에 따른 완성품도 조금씩 달라질 수 있습니다.

유지 + (정제수+수산화나트륨) + 첨가물 + 에센셜오일 ➡ 비누 + 글리세린
비누화 반응

◆ 필수재료

"비누를 만들 때 반드시 필요한 재료입니다. 선택재료는 생략해도 비누를 완성할 수 있지만
필수재료는 하나라도 빠진다면 비누를 완성할 수 없습니다."

유지(베이스오일)

가성소다와 반응하여 비누를 만드는 재료이며 오일의 선택에 따라 다양한 기능의 비누를 만들 수 있습니다. 코코넛오일, 팜오일, 올리브오일, 인퓨즈드오일 등 비누에 첨가 가능한 모든 베이스오일을 말합니다.

정제수

가성소다를 녹이는 용도입니다. 증류수, 정수기 물, 생수, 플로럴워터, 커피 원액, 산양유, 알코올류 등을 사용하며 수상층에 해당하는 재료입니다. 수돗물, 식염수는 적합하지 않습니다.

수산화나트륨(가성소다)

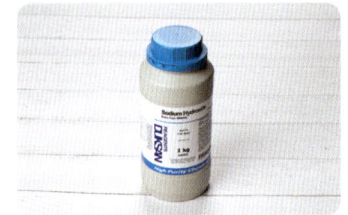

가성소다(NaOH)를 말하며 오일과 반응하여 비누를 만드는 중요한 재료입니다. 강알칼리성이므로 다른 물질을 부식시킬 수 있으니 취급에 주의해야 합니다. 가성소다의 유통기한은 2년으로 표기되어 있지만 아직 오픈하지 않은 상태라면 유통기한이 지나도 사용할 수 있습니다. 순도가 높은 것을 선택하는 것이 좋으며 이 책에서는 98% 순도의 가성소다를 사용했습니다.

TIP 가성소다수용액을 만들 때 정제수의 80% 정도 얼음을 넣고 녹이면 가성소다수용액의 온도가 빨리 떨어지게 되어 비누 만들기 전 준비과정 시간을 줄이는 데 도움이 됩니다.
비누 만들 때 가성소다수용액은 보통 40℃ 정도의 온도에서 베이스오일과 교반을 합니다.
하지만 온도가 조금 더 내려가더라도 30~40℃ 사이라면 문제되지는 않습니다.
온도가 너무 많이 내려갔을 경우 살짝 가열을 해서 사용해도 됩니다.

◆ 선택재료

"비누를 만들 때 생략이 가능한 재료입니다. 다양한 컬러와 향, 기능성 분말 등을 말하며
선택재료를 첨가하면 퀄리티 높은 비누를 완성할 수 있습니다."

첨가물

분말   옥사이드   마이카

드라이허브   솔트

천연분말, 색소(옥사이드, 마이카), 드라이허브, 솔트 등이 있습니다. 비누에 좋은 효능
과 색을 더해 비누의 퀄리티를 높일 수 있는 재료입니다.

에센셜오일

식물의 잎이나 꽃 등 허브에서 추출한 오
일로 가장 순수한 오일이며 식물의 유효
성분이 농축되어 있습니다. 단독으로 사
용하는 것보다 블렌딩하여 사용하면 시
너지 효과가 더욱 높아집니다. 트레이스
시점에 첨가합니다.

> **TIP 에센셜오일 사용 시 주의사항**
> 1. 에센셜오일은 매우 농축된 물질이므로 피부에 직접적으로 닿지 않도록 합니다.
> 2. 피부와 점막을 자극하므로 주의해야 하며 절대 복용해서는 안 됩니다.
> 3. 에센셜오일은 휘발성이 강하므로 반드시 뚜껑을 꼭 닫아 놓아야 하며 차광병에 담아 사용하고
> 직사광선과 고온을 피해야 합니다.
> 4. 애완동물과 어린이의 손에 닿지 않는 곳에 보관합니다.

◆ 기본 도구

전자저울

오일류나 정제수 등을 계량할 때 필요한
도구입니다. 최소 계량 단위는 1g이 적당
합니다. 눈금식 저울은 정확한 계량이 어
려우므로 디지털 방식의 전자저울을 사
용하는 것이 좋습니다.

가열기구

핫플레이트   IH인덕션

오일류를 적정 온도로 가열할 때 필요한 도구입니다.
핫플레이트, IH인덕션 등이 있으며 열을 빠르게 전달하는 IH인덕션이 조금 더 편리합
니다.

핸드블렌더

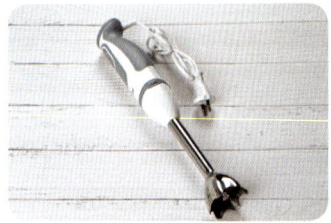

오일과 가성소다수용액을 골고루 교반하
기 위해 사용합니다. 핸드블렌더의 지나
친 사용은 비누의 과보온 및 과트레이스
를 유발합니다. 1~2단계의 세기만 있는
강력한 핸드블렌더보다 여러 단계의 세기
가 있는 핸드블렌더가 사용하기 편리합니
다. 하단부는 가성소다와 반응하지 않는
스테인리스 재질로 된 것이 좋습니다.

TIP 핸드블렌더 사용 팁

비누 만들 때 핸드블렌더의 용도는 오일과 가성소다수용액을 골고루 섞기 위해 사용하는 교반 용도
로 생각하는 것이 좋습니다.
트레이스 시점까지 빠르게 도달하기 위해 지나치게 사용하게 되면 보온 시 비누의 온도가 빠르게
상승되어 결과물에 영향을 미치게 됩니다.
또한 지나친 사용은 과트레이스를 유발합니다.
강한 세기만으로 작동되는 핸드블렌더는 초보자 스스로가 교반이 잘 되었는지 판단할 수 없으며, 트
레이스 시점을 맞추기도 어렵습니다.
이 책에서는 비누 만들기 교반작업의 대부분은 40℃ 정도의 베이스오일에 가성소다수용액을 넣고
실리콘주걱으로 1~2분 정도 저은 후 BRAUN 제품의 21단 핸드블렌더의 7단계 세기로 2분 정도
교반작업을 마치고 다시 실리콘주걱으로 저어가며 원하는 트레이스 시점을 맞춘 후 완성한 결과물
입니다.
좀 더 디테일한 설명과 빠른 이해를 위해 제품명과 사용시간을 명시합니다.

미니블렌더

소량의 오일이나 비누액에 분말을 섞을 때 사용하면 분말이 덩어리지지 않고 잘 풀립니다.
소량의 비누액에 트레이스가 약간 부족할 때 사용하기도 합니다. 톱니 모양으로 된 미니블렌더가 기포 발생이 없으며, 기포가 있는 비누액에 사용하면 기포가 현저히 줄어듭니다.

디지털온도계

오일이나 가성소다수용액의 온도를 체크할 때 사용합니다. 유리온도계보다 디지털온도계가 정확하고 안전합니다. 유리온도계를 사용할 경우 온도계를 오일이나 가성소다수용액을 젓는 용도로 사용하면 파손될 우려가 있습니다.

내열유리비커

'파이렉스'라고 불리는 유리용기입니다. 가성소다를 계량할 때 종이컵 대신 사용합니다. 없으면 종이컵이나 플라스틱비커(PP 재질)를 사용할 수 있습니다.

스테인리스비커

재료를 섞거나 직접 가열하기 위해 사용하며, 가성소다와 반응하지 않으므로 비누 만들기에 적합합니다. 완성할 비누 무게의 두 배 정도 되는 용량의 스테인리스비커를 사용하는 것이 편리합니다.

플라스틱비커(PP 재질)

비누액을 원하는 용량으로 나눠야 할 때 사용합니다. 내화학성이 좋은 재질로 된 제품을 사용해야 하며 폴리카보네이트(PC) 재질은 사용하지 않도록 합니다.

플라스틱스크류용기(PP 재질)

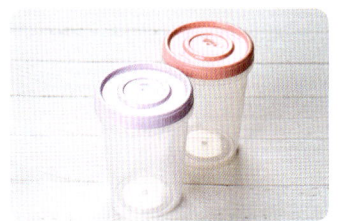

정제수와 가성소다를 교반하여 가성소다수용액을 만들 때 사용합니다. 뚜껑을 돌려 닫을 수 있는 제품이 좋으며, 1kg의 비누를 만들 때 용기의 용량은 1L 내외가 적당합니다.

TIP 비누를 만들때는 천연화장품을 만들때와는 달리 도구와 몰드는 별도로 소독을 하지 않아도 됩니다.
깨끗하게 닦은 후 사용하는 것만으로도 충분합니다.
비누 도구나 몰드를 에탄올로 소독하는 것은 불필요한 과정입니다.

실리콘주걱

오일과 가성소다수용액을 교반하고 골고루 섞을 때 사용합니다. 실리콘몰드에 비누액을 넣을 때도 깔끔하게 긁어 넣을 수 있습니다. 몸통과 앞부분이 분리되는 제품보다는 일체형이 사용 및 세척 시 편리합니다.

플라스틱스푼(PP 재질)

분말을 덜거나 적은 양의 비누액을 골고루 섞을 때 사용합니다. 시약 스푼이나 PP 재질로 된 것이 좋습니다.

비누몰드

트레이스가 난 비누액을 담아서 굳힐 때 사용합니다. 주로 실리콘으로 된 재질을 많이 사용하며 아크릴, 나무로 된 몰드를 사용하기도 합니다. 속비누용몰드, 다구몰드, 대용량몰드 등 종류가 다양합니다.

비누커터기

완성된 비누를 일정한 사이즈로 커팅할 때 사용합니다. 나무, 아크릴 등 다양한 재질의 커터기가 있습니다.

비누칼

비누를 자를 때 사용합니다. 주방용 칼 또는 와이어를 끼운 제품을 사용하면 비누 단면에 스크래치 없이 깔끔하게 커팅됩니다. 웨이브가 있는 칼을 사용하면 독특한 모양의 비누로 커팅할 수 있습니다.

스티로폼 박스(보온용)

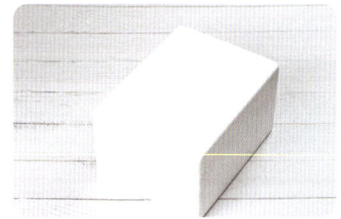

몰드에 비누액을 넣은 후 보온을 할 때 사용합니다. 스티로폼 박스가 없으면 수건이나 무릎담요 등을 덮어 비누액이 빠르게 식지 않도록 합니다. 무더운 여름에는 몰드째 실온에 방치하는 방법으로도 보온을 유지할 수 있습니다.

TIP 비누 보온법

CP비누는 만드는 과정도 중요하지만 보온과정도 매우 중요합니다.

비누 만들기에 있어 보온과정은 비누에 물리적으로 열을 가하는 과정이 아닌 비누화 과정이 이루어지는 동안 비누액 온도가 자연스럽게 오르고 내릴 수 있도록 주변의 온도를 적절한 상태로 유지시켜 준다는 의미입니다.

보통 24시간 이상 보온한다고 하지만, 24시간 이내라도 비누화 과정이 지나고 자연스럽게 온도가 떨어져 식어진 비누를 보온시간을 채우기 위해 24시간 이상 그대로 유지하는 것은 아무런 의미가 없다고 봅니다. 따라서 비누의 온도가 자연스럽게 오르고 내린 후 완전히 식었다면 24시간 전이라도 몰드에서 꺼내어 커팅을 해도 무방합니다.

만드는 과정에 잘 완성되었다고 생각되는 비누도 보온에 신경을 쓰지 않으면 결과물이 제대로 나오지 않는 경우가 있습니다.

내가 만드는 공간의 온도를 체크하고, 계절에 따라 알맞은 나만의 보온 방법을 찾는 것이 꼭 필요합니다.

비누는 레시피가 같아도 교반 시 상황, 시간, 기온, 보온 상태에 따라 변수가 많아 그에 따른 완성품도 조금씩 달라질 수 있습니다.

◆ 기타 도구

앞치마

비누를 만들 때 오일, 비누액, 기타 재료들이 옷에 튀는 것을 막을 수 있습니다.

니트릴 장갑

가성소다나 가성소다수용액, 비누액 등이 손에 묻지 않도록 비누작업이 끝날 때까지 착용합니다. 그 외에 마스크, 보호 안경 등을 추가로 착용하면 더욱 안전하게 비누 만들기를 할 수 있습니다.

모서리 대패

비누의 모서리 부분을 깔끔하게 정리할 수 있는 도구입니다. 모서리를 정리한 비누는 모서리 부분이 날카롭지 않아 사용 시에도 편리합니다. 나무 재질로 된 대패가 비누 단면에 스크래치를 주지 않습니다.

pH테스트페이퍼

완성된 비누의 pH 수치를 확인할 때 사용합니다. CP비누는 완성 후 4주 이상의 건조기간을 거치는데 사용 전 반드시 pH테스트를 통해 적정값이 되었는지 확인하고 사용해야 합니다. 건조기간이 끝난 비누의 pH값은 8~10 정도가 적당합니다.

비누도장

완성된 비누를 커팅한 후 비누 단면에 스탬핑을 하면 비누가 좀 더 멋스럽고 돋보입니다. 찍히는 부분이 아크릴로 된 재질과 고무로 된 재질이 있습니다.

> **TIP 비누도장 찍는 방법**
>
> 완성된 비누를 커팅한 후 바로 스탬핑하는 것보다 1~3일 후에 하는 것이 깔끔하게 찍힙니다. 비누가 무른 경우는 시간이 더 필요할 수 있으며 레시피와 비누 표면의 굳기 정도에 따라 다릅니다. 비누도장의 그림이 있는 부분에 에탄올을 살짝 뿌리고 비누의 단면에 찍힐 위치를 정한 후 지그시 눌러 찍습니다. 비누도장이 전체적으로 균일한 깊이로 들어갔는지 확인한 후 비누도장을 위아래로 살짝살짝 흔들면서 떼어냅니다. 또 다른 방법으로는 비누의 단면에 찍힐 위치를 정하고 비누도장을 한손으로 고정한 후 고무망치로 가운데를 살짝 치고 떼어냅니다. 너무 세게 내리치면 비누도장에 손상이 갈 수 있으므로 너무 세게 하지 않도록 합니다.

LESSON 3 | 천연비누 만들기 오일

◆ 베이스오일의 종류와 특성

베이스오일의 종류	특징
코코넛	풍부한 거품과 세정력이 뛰어나고 비누 만들기에서 가장 많이 사용하는 오일입니다. 비누를 단단하게 만드는 역할을 하며 낮은 온도에서는 고체이며 26℃ 이상에서는 액체 상태 입니다.
팜	코코넛 다음으로 비누 만들기에 많이 사용하는 오일입니다. 포화지방산이 많고 비누화 반응을 촉진시키며 조밀한 거품을 생성하고 비누를 단단하게 만듭니다.
녹차씨	녹차씨 오일은 피부에 겉돌거나 번들거리지 않고 피부에 잘 스며들고 보습과 촉촉함을 유지시킵니다. 토코페롤과 아미노산을 다량 함유하고 있습니다.
님	마늘 또는 유황 냄새와 같은 독특한 향이 특징입니다. 비타민E, 아미노산의 함유량이 높으며 아토피 피부나 여드름에도 좋습니다.
달맞이꽃	필수 지방산과 감마-리놀렌산(ω-6 지방산)을 많이 함유하고 있어서 보습 효과가 뛰어납니다. 건조한 피부나 아토피성 피부에도 효과가 있습니다. 산화하기 쉬우므로 비타민E가 함유된 윗점 오일과 섞어 사용하면 좋습니다.
동백	피부를 진정시키는 효과가 있으며 탈모 및 모발에도 효과가 좋습니다. 피부를 정돈하는 수렴작용, 건조한 피부를 위한 진정 기능이 있어서 화장품에 많이 사용되며 특히 헤어 제품에 많이 사용됩니다.
마카다미아넛	쉽게 산화하지 않는 특징이 있어 폭넓게 이용되고 있는 오일입니다. 주성분은 올레인산으로 피부 노화를 막아 주는 팔미트올레인산을 20% 이상 함유하고 있습니다. 피부를 유연하게 하여 노화를 방지하며 호호바오일과 성분이 매우 유사해 대체오일로 많이 사용됩니다.
미강	비타민E, 미네랄이 풍부하고 보습에 좋습니다. 비누에 첨가 시 트레이스가 빨리 진행되는 특징이 있습니다.
보리지	피부 세포의 보호 기능을 향상시키며 피부 재생 효과가 있습니다. 민감성 피부, 습진, 피부염에 좋으며 특히 아토피 피부에 좋습니다.
블랙세서미	비타민과 미네랄을 풍부하게 함유하고 있습니다. 산화 안정성이 높고 대사 기능을 촉진하는 작용을 하므로 마사지에 많이 쓰입니다.
살구씨	비타민과 미네랄 함유량이 풍부하며, 뛰어난 침투력으로 피로한 피부를 회복시켜 윤기 있게 만듭니다. 모든 피부에 잘 맞는 오일이며 노화한 피부, 건성 피부, 민감한 피부 등을 관리하는 데 효과가 좋습니다.
스윗아몬드	단백질을 다량 함유하고 있어 피부를 부드럽게 하는 효과가 있습니다. 비타민D · E, 미네랄 등을 함유하고 있어서 피부의 가려움을 억제합니다. 건성 피부, 모발 관리에 효과적이며 보습작용과 지친 피부를 회복시키는 데 좋습니다.
시어버터	단백질이 풍부하며 보습과 피부 유연 효과가 좋습니다. 비누에 첨가 시 부드럽고 풍부한 거품을 생성합니다. 버터류는 열에 약하므로 저온에서 서서히 녹이는 것이 좋습니다.
아보카도	각질이나 지방층이 두꺼운 피부에도 잘 스며들어 피부를 부드럽게 합니다. 점성이 강하고 보습과 필링 효과가 있습니다. 건조한 피부, 노화 방지, 탈수 현상 완화, 습진성 피부에 효과적입니다.

베이스오일의 종류	특징
옥수수 배아	비타민E를 다량 함유하고 있으며 모든 피부에 잘 맞습니다. 항산화 작용으로 피부 수분 증발을 지연시켜 피부가 건조해지는 것을 막아 노화 예방에 좋습니다.
올리브	비타민A · D · E를 함유하고 있어 침투성이 좋고 피부를 유연하게 하므로 건성 피부에 좋습니다. 염증과 가려움증을 억제하고 모발 관리, 피부 진정, 보습, 살균력이 뛰어납니다. 엑스트라버진, 퓨어, 포마스 등급이 있으며 비누에는 어느 등급을 사용해도 무방합니다.
월계수	진한 녹색의 오일로 월계수 특유의 신선한 향이 풍부합니다. 피부미용을 위한 비누뿐만 아니라, 특히 모발과 두피를 위한 비누를 만들 때 많이 이용되고 있습니다.
윗점	비타민A · B가 풍부하며 보습, 노화 방지, 피부 탄력에 좋습니다. 비타민 E의 항산화 특성 때문에 다른 베이스오일에 5% 정도 첨가하면 산화를 방지할 수 있습니다.
카놀라	비누에 주로 이용되며 보습 기능이 뛰어나고 피부 친화력이 높습니다. 트레이스가 잘 나지 않는 오일이므로 코코넛, 팜과 같이 사용하는 것이 좋습니다. 지방산 구성이 올리브오일과 유사하여 올리브오일의 대체 오일로 사용합니다.
캐럿시드	케로틴, 비타민A · C를 함유하고 있는 것이 특징입니다. 건조한 피부, 습진에 좋으며 피부에 활력을 주고 노화 방지에도 좋은 영양가 높은 오일입니다.
콩	주로 비누 만들기에 사용되는 오일로 마사지 오일로도 이용되고 있습니다. 지성 피부용 비누에 많이 첨가하며 비누의 거품이 끊기지 않도록 하는 중속거품의 역할을 합니다.
포도씨	비타민E, 리놀레산을 함유하고 있고 피부 자극이 거의 없어 여드름이 많은 지성 피부에 사용하면 좋습니다. 다른 오일과 섞었을 때 항산화 작용을 하므로 비누를 오래 보존하는 데 도움을 줍니다.
피마자	점도가 높은 오일이며 투명비누를 만들 때 투명도를 높이는 역할을 하여 많이 사용합니다. 거품이 잘 나고 촉촉하며 피부를 부드럽고 유연하게 만드는 데 좋습니다.
해바라기	모든 타입의 피부에 적당하고 피부를 편안하게 해주는 역할을 합니다. 비누 만들기 사용 시 많이 넣으면 트레이스까지 시간이 오래 걸리며, 단단히 굳는데도 오랜 시간이 걸립니다.
헴프시드	생선 오일을 제외하고 유일하게 오메가3, 오메가6를 공급하는 오일입니다. 어떤 식물성 오일보다 많은 필수 지방산을 함유하며 완벽한 3:1(오메가6 : 오메가3)의 비율을 가집니다. 비타민E, 스테롤이 함유되어 있으며 보습력이 필요한 건조하고 거친 피부에 사용하기에 좋습니다.
헤이즐넛	피부에 침투가 빠르고 보습 효과가 뛰어납니다. 수렴 작용을 하므로 넓어진 모공을 수축시키는 데도 효과적입니다. 지성 피부, 여드름이나 트러블이 생기는 피부에 좋습니다.
홍화씨	비타민과 미네랄이 풍부하며 모발을 강화하고 탈모 예방에도 좋습니다. 피부를 약간 건조하게 하는 성질이 있기 때문에 아보카도 등의 오일과 혼합해서 사용하면 효과적입니다.

◆지방산이란?

비누를 만들 때 사용하는 유지(油脂)는 상온에서 액체인 것을 지방유(유(油)), 고체인 것을 지방(지(脂))이라고 합니다. 즉, 포화지방산은 지방(脂肪)이라고 하며 불포화지방산은 오일(애)이라고 합니다. 포화지방산은 실온에서 고체 형태이고 불포화지방산은 액체 상태입니다. 다만 포화지방산은 여름철에는 액체로 녹아 있는 상태일 수 있습니다. 오일이 가지고 있는 지방산의 종류에 따라 비누의 거품이나 세정력, 단단함, 보습력 등이 달라집니다. 각 베이스 오일들의 특성과 지방산 함량을 확인하고 적절한 오일을 선택하면 피부 타입에 알맞은 천연비누를 만들 수 있습니다.

◆포화지방산

포화지방산은 불포화지방산에 비해 융점이 높고, 반응성이 낮으며 산화가 쉽게 되지 않아 산화 안정성이 좋습니다. 이렇게 안정성이 좋은 구조로 되어 있어서 온도가 떨어지면 고체 상태로 되는 성질을 갖고 있습니다. 비누를 만들 때 포화지방산의 함량이 높으면 비누가 단단하고 거품이 많이 발생합니다. 코코넛오일, 팜오일, 동물성 지방 등의 오일이 해당됩니다. 대표적인 포화지방산으로는 라우르산, 미리스트산, 팔미트산, 스테아르산이 있습니다.

◆불포화지방산

불포화지방산은 포화지방산에 비해 녹는 점이 낮으며 액체 상태입니다. 포화지방산과는 달리 산화 안정성이 떨어져 산패가 빠릅니다. 거품은 약한 편이고 비누에 불포화지방산이 많이 포함되면 비누가 물러집니다. 대표적인 오일로는 올리브오일, 동백오일, 해바라기 등 식물성 오일들이 포함됩니다. 특히 올리브오일이나 동백오일은 불포화지방산의 비율이 높습니다. 대표적인 불포화지방산으로는 리시놀레산, 올레산, 리놀레산, 리놀렌산이 있습니다.

※ 포화지방산 함량별 정제수 첨가량

포화지방산의 비율에 따라 정제수의 양을 조절하면 좀 더 깔끔한 비누를 만드는 데 도움이 됩니다.

완성된 비누를 커팅해보면 알 수 있듯이 비누 건조가 빠르게 시작되어 비누의 매트함을 금방 느낄 수 있습니다.

아래의 표는 절대적인 값은 아니며, 오랜 시간 많은 실습을 통해 얻은 결과 값으로 이 책에서 추천하는 비율입니다.

전체 베이스오일량 대비		가성소다 D.C(%)
포화지방산 함량(%)	정제수 첨가량(%)	
81~85	43~44	-7
76~80	41~42	-6
71~75	39~40	-5
66~70	37~38	-4
61~65	35~36	-3
56~60	33~34	-2
51~55	31~32	-1
46~50	30	
41~45	29	
36~40	28	
31~35	27	0
26~30	26	
21~25	25	

◆ 지방산의 용도 및 특징

구분	지방산의 종류	특징
포화지방산	라우르산 (Lauric Acid)	거품을 내는 성질이 있어 비누, 세제, 계면활성제 등을 만드는 베이스로 널리 사용됩니다. 코코넛밀크, 코코넛오일, 월계수오일, 팜커넬에서 지방산 함량의 약 절반을 차지합니다. 사람의 모유(전체 지방의 6.2%), 우유(2.9%), 산양유(3.1%)에서도 발견됩니다.
	미리스트산 (Myristic Acid)	풍부한 거품을 내며 클렌징 효과가 뛰어납니다. 코코넛오일, 팜커넬, 보리지오일 등에 많이 들어 있으며 비누의 경도를 높여줍니다.
	팔미트산 (Palmitic Acid)	스테아르산, 올레산과 함께 대표적인 지방산으로 동식물 안에 널리 분포되어 있습니다. 거품을 안정적이고 풍부하게 만들며 비누의 단단함에도 영향을 줍니다.
	스테아르산 (Stearic Acid)	비누의 단단함에 영향을 주며 버터류에 함유되어 있습니다. 상온에서 고체인 지방에 특히 함유량이 많고 액체 상태인 식물유에는 비교적 적습니다.
불포화지방산	리시놀레산 (Ricinoleic Acid)	안정적이고 풍부한 거품을 내고 보습을 높여줍니다. 대표적인 오일로는 피마자유가 있습니다.
	올레산 (Oleic Acid)	비누나 화장품에 함유되어 있는 영양성분의 피부 침투력을 향상시키며 비누 거품이 안정적인 편입니다. 올리브유와 카놀라유과 같은 식물성 기름뿐만 아니라 소, 돼지와 같은 동물의 유지에도 함유되어 있습니다.
	리놀레산 (Linoleic Acid)	피부가 거칠고 건조해지는 것을 막고 비누에 있어 피부의 보습력을 높여줍니다. 면실유, 콩유, 해바라기유, 헴프시드오일 등 다양한 식물성 오일에 많이 함유되어 있습니다.
	리놀렌산 (Linolenic Acid)	리놀레산과 비슷한 성질을 갖고 있으며 식물성 기름에 많이 함유되어 있는 성분입니다. 알파-리놀렌산(ω-3 지방산)과 감마-리놀렌산(ω-6 지방산)이 잘 알려져 있습니다.

◆ 지방산의 종류에 따른 비누의 특징

구분	지방산의 종류	단단함	세정력	부드러움	안정적인 거품	풍부한 거품
포화지방산	라우르산 (Lauric Acid)	○	○			○
	미리스트산 (Myristic Acid)	○	○			○
	팔미트산 (Palmitic Acid)	○			○	
	스테아르산 (Stearic Acid)	○			○	
불포화지방산	리시놀레산 (Ricinoleic Acid)			○	○	○
	올레산 (Oleic Acid)			○		
	리놀레산 (Linoleic Acid)			○		
	리놀렌산 (Linolenic Acid)			○		

◆ 베이스오일별 지방산 구성비율 (%)

	포화지방산				불포화지방산			
	라우르산 (Lauric Acid)	미리스트산 (Myristic Acid)	팔미트산 (Palmitic Acid)	스테아르산 (Stearic Acid)	리시놀레산 (Ricinoleic Acid)	올레산 (Oleic Acid)	리놀레산 (Linoleic Acid)	리놀렌산 (Linolenic Acid)
코코넛	48	19	9	3		8	2	
팜		1	44	5		39	10	
녹차씨			8	2		71	10	
님		2	21	16		46	12	
달맞이꽃							80	9
동백			9	2		77	8	
라놀린								
라드		1	28	13		46	6	
라즈베리시드			3			13	55	26
로즈힙			4	2		12	46	31
마룰라			11	7		75	4	
마유		3	26	5		10	20	19
마카다미아넛			9	5		59	2	
망고버터			7	42		45	3	
망고시드			8	27		52	8	1
모링가			7	7		71	2	
미강		1	22	3		38	34	2
밀랍								
밍크	3	3	18	3		45	12	1
바바수	50	20	11	4		10		
바오밥		1	24	4		37	28	2
보리지			10	4		20	43	5
브로콜리시드			3	1		14	11	9
블랙세서미			9	5		40	43	1
사카잉키			4	3		10	35	48
살구씨			6			66	27	
스윗아몬드			7			71	18	
스테아르산				99				
시어버터			5	40		48	6	

	포화지방산				불포화지방산			
	라우르산 (Lauric Acid)	미리스트산 (Myristic Acid)	팔미트산 (Palmitic Acid)	스테아르산 (Stearic Acid)	리시놀레산 (Ricinoleic Acid)	올레산 (Oleic Acid)	리놀레산 (Linoleic Acid)	리놀렌산 (Linolenic Acid)
시벅턴베리			30	1		28	10	
아르간	1		14			46	34	1
아마씨			6	3		27	13	50
아보카도			20	2		58	12	
알로에버터	45	18	8	3		7	2	
에뮤			23	9		47	8	
오트밀			15	2		40	39	
옥수수 배아			12	2		32	51	1
올리브			14	3		69	12	1
올리브포머스			14	3		69	12	2
우지	2	6	28	22		36	3	1
월계수	25	1	15	1		31	26	1
월넛			7	2		18	60	
워점			17	2		17	58	
카놀라			4	2		61	21	9
캐럿시드			4			80	13	
코코아버터			28	33		35	3	
코튼시드			13	13		18	52	1
콩			11	5		24	50	8
쿠쿠이넛			6	2		20	42	29
타마누			12	13		34	38	1
팜커넬	49	16	8	2		15	3	
펌프킨시드			10	8		32	50	
포도씨			8	4		20	68	
피마자					90	4	4	
해바라기			7	4		16	70	1
헴프시드			6	2		12	57	21
헤이즐넛			5	3		75	10	
호호바						12		
홍화씨			7			15	75	

◆베이스오일별 비누화 값

비누화 값이란?

지방산 유지(베이스오일) 1g을 비누로 만드는 데 필요한 가성소다(수산화나트륨, NaOH) 또는 가성가리(수산화칼륨, KOH)의 양을 g으로 표기한 값입니다. 이는 책마다, 나라마다 조금씩 다를 수 있습니다. CP비누(고체 비누)를 만들 때는 가성소다 값을, 액체 비누를 만들 때는 가성가리 값을 계산하여 사용합니다. 허브를 오일에 담가 지용성 성분을 우려낸 인퓨즈오일의 경우는 사용한 베이스오일의 비누화 값으로 계산합니다. 가성소다의 비누화 값에 1.4를 곱한 값이 물비누를 만드는 가성가리의 비누화 값입니다.

TIP

휴대폰에서 버블뱅크 '비누계산기' 어플을 사용하면 원하는 베이스오일들의 비누화 값을 편리하게 계산할 수 있습니다.

오일량 x 비누화 값 = 가성소다 또는 가성가리 필요량

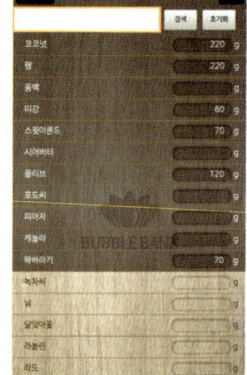

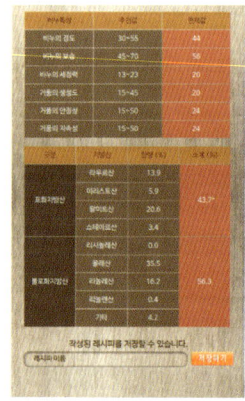

베이스오일의 종류	가성소다 (NaoH)	가성가리 (KOH)
코코넛	0.190	0.266
팜	0.141	0.197
녹차씨	0.137	0.192
님	0.139	0.195
달맞이꽃	0.136	0.190
동백	0.136	0.190
라놀린	0.074	0.104
라드	0.138	0.193
라즈베리시드	0.134	0.188
로즈힙	0.137	0.192
마룰라	0.137	0.192
마유	0.140	0.196
마카다미아넛	0.139	0.195
망고버터	0.137	0.192
밍고시드	0.128	0.179
모링가	0.137	0.192
미강	0.128	0.179
바바수	0.175	0.245
바오밥	0.143	0.200
보리지	0.136	0.190
브로콜리시드	0.123	0.172
블랙세서미	0.133	0.186
사카잉키	0.139	0.195
살구씨	0.135	0.189
스윗아몬드	0.136	0.190
스테아르산	0.148	0.207
시어버터	0.128	0.179
시벅턴베리	0.136	0.190

베이스오일의 종류	가성소다 (NaoH)	가성가리 (KOH)
아르간	0.136	0.190
아마씨	0.135	0.189
아보카도	0.133	0.186
알로에버터	0.176	0.246
에뮤	0.136	0.190
오트밀	0.129	0.181
옥수수 배아	0.136	0.190
올리브	0.134	0.188
올리브포머스	0.156	0.218
우지	0.141	0.197
월계수	0.155	0.217
월넛	0.135	0.189
윗점	0.131	0.183
카놀라	0.124	0.174
캐럿시드	0.134	0.188
코코아버터	0.137	0.192
코튼시드	0.138	0.193
콩	0.135	0.189
쿠쿠이넛	0.135	0.189
타마누	0.148	0.207
팜커넬	0.156	0.218
펌프킨시드	0.133	0.186
포도씨	0.126	0.176
피마자	0.128	0.179
해바라기	0.134	0.188
헴프시드	0.134	0.188
헤이즐넛	0.135	0.189
홍화씨	0.136	0.190

* 비누화 값은 오일에 따라 다르며 나라마다 조금씩 다를 수 있습니다.

◆첨가물 재료

천연분말

비누에 좋은 효능과 색을 더해 비누의 퀄리티를 높일 수 있는 재료입니다. 각종 분말들을 첨가함으로써 각자의 피부에 알맞은 기능성 비누를 만들 수 있습니다. 비누 총량의 2% 이내로 사용합니다.

천연분말의 종류	특징
감초	피부의 트러블을 진정시켜주는 역할이 우수한 한약재입니다. 피부의 독소와 노폐물을 제거하고 피지를 조절하여 깨끗하고 건강한 피부로 가꿀 수 있습니다. 거칠고 햇빛에 오랜 시간 노출된 피부에 효과적입니다.
노니	다량의 항산화물질이 함유되어 있어 노화 방지, 피부트러블 완화에 효과가 있습니다. 12종의 비타민, 18종의 아미노산, 미네랄 등이 풍부하게 함유되어 있습니다.
녹두	노폐물을 해독하며 열을 내리는 작용을 합니다. 피로회복에 좋으며 수분의 밸런스를 유지해주어 트러블 피부, 민감한 피부에 좋습니다.
녹차	녹차 중의 카테킨 성분이 지친 피부에 수렴작용과 진정작용을 하며 피부 노화를 방지해줍니다. 자외선에 의한 피부 노화 예방에 효과적이며 비타민A · C · E 성분이 들어 있어서 피부미용에 좋습니다. CP비누에 첨가 시 분말의 색상과 비누의 색상이 다른 결과물을 가져오는 분말입니다.
님	비타민E와 아미노산이 풍부하며, 살충 효과를 가지고 있습니다.
다시마	무기질이 풍부하여 트러블을 예방하며, 윤기 있고 탄력 있는 피부로 만들어줍니다. 피부의 잡티나 반점 등도 완화시켜주어 노화나 칙칙한 피부에도 도움이 됩니다. 샴푸에 첨가 시 두발 건강에 도움을 줍니다.
대나무 잎	노화가 심한 피부나 색소침착이 심한 피부에 좋은 한방 원료로 알려져 있습니다. 모든 피부용 비누에 사용이 가능하며, 특히 여드름이나 지성 피부용 비누에 잘 어울리는 분말입니다.
몰로키아	폴리페놀 성분과 베타카로틴이 다량 함유되어 있습니다. 클레오파트라가 젊음과 아름다움을 유지하기 위해 즐겨 먹었다고 합니다.
백강잠	누에나방의 새끼가 죽은 것을 잘 말려서 선별 가공한 것으로 실크 단백질인 세리신과 피브로인이 풍부합니다. 보습 효과가 좋고 피부 당김 증상도 줄여주며 피부를 매끄럽게 합니다.
백련초	제주도에서 많이 나며 손바닥 선인장의 일종입니다. 플라보노이드, 비타민C, 식이섬유가 풍부하여 노화된 피부에 생기를 주고 보습 효과도 뛰어납니다. CP비누에 첨가 시 분말의 색상과 비누의 색상이 다른 결과물을 가져오는 분말입니다.
병풀	사포닌 성분이 상처 부위의 항산화물 농도와 혈액 공급을 증가시켜 염증이 있는 조직을 빠르게 회복시킵니다. 지성 피부나 트러블 피부를 위한 비누를 만들 때 주로 이용됩니다.
브로콜리	비타민C 함유량이 레몬의 약 2배로 피부를 환하게 가꾸어줍니다. 비타민A · B, 칼륨, 인, 칼슘, 미네랄이 풍부하여 저항력을 높이고 피부를 매끄럽고 탄력 있게 해줍니다.
뽕잎	아미노산이 24가지나 들어 있어 피부 탄력 등에 좋습니다. 칼슘과 철분을 비롯한 50여 종 이상의 미네랄이 풍부하게 들어 있어 노화 방지에도 좋습니다. 해독작용 또한 좋아 피부 질환에 효과적입니다.

삼백초	뛰어난 보습 효과로 피부의 수분대사를 활성화시켜줍니다. 피부의 수분이 적절하게 확보되며 윤기 나는 피부로 되살아납니다. 해독작용이 뛰어나 여드름 피부에 사용하기에 좋습니다.
샌들우드	나무의 심재에서 추출한 분말은 샌들우드(화이트), 나무껍질에서 추출한 분말은 샌들우드(레드)입니다. 트러블과 피부 질환(습진, 여드름, 아토피)등에 효과적입니다. 피부 트러블을 진정시키는 작용이 좋으며, 샌들우드의 고유한 향이 은은하게 납니다.
서시옥용산	서시옥용산은 동의보감에 나오는 피부를 좋게 하는 비방책으로 11가지 한약재를 넣은 것입니다. 녹두, 백지, 백급, 백렴, 누에, 백부자, 천화분, 감송향, 곽향, 방풍, 고본이 함유되어 있습니다. 기미, 땀띠, 여드름, 피부 가려움증에 도움이 됩니다.
숯	피지 흡착작용과 탈취 효과로 인해 피부 속의 피지와 노폐물은 깨끗이 씻어내고 모공을 조여줍니다. 또한 숯은 활성산소를 억제하는 작용을 하기 때문에 피부 노화 방지에도 좋습니다. 비누 만들기에서 톤 다운된 컬러를 원할 때 많이 사용됩니다.
시금치	비타민C의 함유량이 많아 맑고 환한 피부로 개선시켜줍니다. 수렴작용이 있어 모공에 작용하면 피부를 수축시켜 탄력성을 좋게 합니다. 철, 비타민A, 비타민B1, B2, 비타민C, 비타민K가 풍부합니다.
시나몬	시나몬(계수)나무의 껍질에서 추출되며, 적갈색을 띠고 계피향이 강하게 납니다. 향이 강해 비누를 만들 때도 다른 분말보다는 소량을 사용하는 것이 좋습니다.
쑥(약쑥)	비타민, 미네랄 등이 풍부하게 함유되어 피부 톤을 개선해주고 피부 질환을 진정시켜줍니다. 자극을 줄여주어 피부 가려움에도 도움이 되며 모든 피부에 적용 가능합니다.
어성초	피를 맑게 해주며 살결 속의 독을 없애주어 여드름이나 트러블 피부에 효과적입니다. 보습작용도 뛰어나 피부를 건강하게 만들어줍니다.
오트밀	민감하고 건조한 피부에 부드럽게 각질을 제거해주고 맑고 투명한 피부로 만들어줍니다. 비타민과 미네랄이 함유되어 있어 피부에 수렴 효과를 주고 피부 탄력을 증가시킵니다. 수분을 끌어당기는 성질이 있어 피부 보습에 탁월한 효과를 보입니다.
옥	세안력을 높여주어 피지 제거에 도움을 주며 맑은 피부와 피부 톤 개선에 효과적입니다. 밀폐용기에 담아 직사광선을 피해 보관하는 것이 좋으며 정해진 보관기간은 따로 없습니다.
율피	타닌이라는 성분이 많아 처진 피부에 탄력을 주며 수렴 효과가 좋아 모공을 조여줍니다. 피지와 각질 제거에도 좋아 지성 피부나 트러블 피부에 도움이 됩니다.
진주	피부세포의 재생을 촉진해서 화장이 잘 받게 도와주며 매끄럽고 윤기 있는 피부를 가꾸는 데 도움을 줍니다. 미네랄이 풍부하며 클레오파트라, 양귀비 등이 미용재료로 사용했다고 합니다.
진피	감귤의 껍질을 말린 약재이며 트러블 진정 효과와 보습에 좋은 재료입니다. 리모넨 성분이 피부를 아름답게 해주는 작용을 하며 피부 표면의 수분 증발을 막아주는 엷은 막을 만들어줍니다.
창포	살충 효과와 진정 효과가 있으며 모발을 부드럽게 해주는 효과도 있습니다. 모발에 영양을 주어 윤기가 흐르게 하고 모낭을 건강하게 만들어 모발을 튼튼하게 가꾸는 데 도움을 줍니다.
청대	비타민C가 함유되어 피부미용에 좋으며 피부 트러블이나 가려움증을 완화시켜줍니다. 밝은 파란색의 청대 분말은 소량의 색소가 첨가된 것이며, 색소가 첨가되지 않은 것은 쪽입니다.
카렌듈라	기본 치유 능력이 좋고 촉촉하게 만들어주어 트러블 피부나 건조 피부에 도움을 줍니다. 전반적으로 상처 치유에 효과가 뛰어납니다.

카모마일	피부를 진정시켜주고 회복시켜주는 작용이 뛰어나 가려움증이나 트러블에 효과적입니다. 성분이 순하여 피부 질환을 가진 성인뿐 아니라 유아에게도 안전하게 사용 가능합니다.
코치닐	선인장 벌레에서 추출한 동물성 색소로 약간의 특이취가 있으며, 피부 재생을 촉진하고 피부 톤을 밝게 합니다. 동물성 단백질로 민감성 피부에 알레르기를 일으킬 수 있으니 패치테스트 후 사용하는 것이 좋습니다.
코코아(카카오)	각종 비타민, 미네랄 성분으로 인해 보습 효과가 뛰어나고 폴리페놀 성분이 피부 노화를 방지해줍니다. 비누 만들기에서 브라운 컬러를 원할 때 많이 사용됩니다.
클로렐라	녹조류에 속하는 단세포 생물로 플랑크톤의 일종입니다. 각종 비타민과 아미노산, 단백질, 미네랄 등이 풍부하며 피부를 매끄럽고 윤택하게 만들어주는 재료입니다. 특히 피부에 쌓인 독소를 배출하는 효능이 뛰어납니다.
토르말린	피부 노폐물을 제거하고, 풍부하게 함유된 미네랄이 생기 있고 매끄러운 피부로 정돈해줍니다. 피부 톤 개선과 생기 있는 피부로 만들어주어 피부 관리에 효과적인 원료로 노화 피부에 효과적입니다. 비누 만들기에서 그레이 컬러를 원할 때 많이 사용됩니다.
파프리카	철분과 베타카로틴 성분이 다른 야채에 비해 많이 포함되어 있습니다. 파프리카의 비타민C는 토마토보다 5배, 레몬보다 2배가 높습니다. 피부를 맑고 청결하게 하여 청정함을 유지시켜줍니다.
페퍼민트	피부 진정 효과가 있어 염증 완화 및 피부 탄력 유지에 도움을 줍니다. 다른 분말과는 달리 입자의 크기가 균일하지 않고 곱게 분쇄되지 않은 허브의 조각들이 보이기도 합니다.
프랑킨센스	프랑킨센스 레진 파우더는 피부의 노화 방지, 미백, 거친 피부 개선 등의 목적으로 만드는 비누에 적합합니다. 세포의 재생을 촉진시켜 노화된 피부에도 효과가 좋습니다.
함초	칼슘과 마그네슘, 칼륨, 철, 인 등의 유효성분이 풍부하고 갖가지 미네랄을 함유하고 있습니다 지방을 분해하는 성분이 있으며 피지와 노폐물 제거에도 좋은 효과를 보입니다. 피부 밸런스를 유지하며, 노화 예방에도 좋습니다.
해초	각종 미네랄과 비타민, 단백질 등을 풍부하게 함유하고 있습니다. 신진대사를 촉진시키며, 수분이 부족한 피부, 햇볕에 탄 피부를 진정시킵니다. 각질 제거 효과도 우수하며 피부막을 형성하여 피부 보호에도 좋습니다.
호박	비타민C가 많고 베타카로틴을 함유하고 있어 피부의 재생을 도우며 피부를 환하게 가꾸어줍니다. 마그네슘이나 비타민B1, 비타민B2 등이 풍부하여 탄력이나 보습, 트러블 완화에 효과적입니다.

클레이

점토, 찰흙이라는 뜻이며 어떠한 화학 처리도 하지 않고 색소나 방부제도 포함하고 있지 않은 천연 그대로의 흙입니다. 클레이가 포함하고 있는 미네랄 함유량에 따라 컬러가 다르며 각각 다른 기능과 특성을 갖고 있습니다. 비누 총량의 1% 이내로 사용합니다.

천연분말의 종류	피부 타입	특징
가슬클레이	지성 피부 지성 두피	고순도의 천연미네랄이 풍부하게 함유되어 있으며, 지치고 스트레스에 의한 트러블 등 각종 피부 트러블에 좋습니다. 거칠어진 피부를 부드럽고 온화하게 하며 미네랄이 피부를 매끄럽고 촉촉하고 건강하게 합니다.
그린클레이	지성 피부 여드름 피부	클레이 중 흡수력이 가장 좋고 피부 노폐물과 독소 배출에 효과적입니다. 유분 밸런스를 맞추어 피부를 깨끗하게 합니다.

레드클레이	모든 피부 건성 피부	철산화물이 풍부하여 특히 모세혈관이 파괴된 피부에 좋습니다. 비누에 너무 많은 양을 넣으면 철산화물 때문에 더 자극적일 수도 있으니 주의가 필요합니다.
벤토나이트클레이	지성 피부 트러블성 피부	화산재와 montmorillonite의 화합물로, 60여 가지의 미네랄이 들어 있어 피부에 영양을 공급합니다. 뛰어난 흡착력으로 모공 깊숙이 스며들어 노폐물, 화장 잔여물, 과잉피지 제거, 제어작용을 하여 여드름 및 잡티 제거에 좋습니다. 때를 빼고 피부를 부드럽게 하여 면도용 비누에 넣어 사용하면 면도의 유연성을 높여줍니다.
옐로클레이	모든 피부 건성 피부	활력이 없는 피부나 노화 피부에 좋습니다.
카올린클레이	지성 피부 트러블성 피부	피부 흡착력이 뛰어나 모공의 더러움을 끌어당기고 진정효과가 뛰어나 팩을 만들 때 많이 사용합니다.
핑크클레이	모든 피부 민감 피부	피부를 정화하여 피부 톤을 밝게 해주며 보습에 좋습니다.
화이트클레이	모든 피부 민감 피부	입자가 매우 고우며, 피부를 진정시키고 부드럽게 합니다. 피부가 연약한 유아가 사용해도 안전한 클레이로 바디파우더나 베이비파우더로 활용됩니다.

◆ 색소

비누에 디자인적인 요소를 더하기 위해 사용합니다.
CP비누에 주로 사용하는 색소는 옥사이드, 마이카 등이 있습니다.

액상 옥사이드

옥사이드는 오일에 녹지 않는 재료입니다. 비누에 사용하기 위해서는 옥사이드와 베이스오일을 혼합하여 액상 타입으로 만들어 편리하게  사용할 수 있습니다. 베이스오일은 점도가 높은 오일보다는 점도가 낮으며 가격도 저렴하고 오일 컬러가 연한 오일을 사용하는 것을 추천합니다. 이렇게 오일에 분산시켜놓은 옥사이드는 디자인비누를 만들 때 원하는 시점에 자유롭게 첨가할 수 있어서 아주 편리합니다. 옥사이드는 화이트컬러의 티타늄디옥사이드를 포함하여 총 9가지 컬러가 있으며, 그 외의 컬러는 조색과정을 통해 여러 가지 컬러를 표현할 수 있습니다.

마이카

약간의 펄감과 함께 옥사이드로 표현하기 힘든 다양하고 밝은 컬러의 비누를 만들 수 있습니다. 트레이스가 난 상태의 비누액에도 잘 풀어  집니다. 수많은 컬러가 있지만 기본 컬러만으로도 충분하며 마이카 역시 조색과정을 통해 여러 가지 컬러를 표현할 수 있습니다.

> **TIP** 비누용 액상 옥사이드와 마이카는 버블뱅크 쇼핑몰에서 구입할 수 있습니다.

◆ 에센셜오일의 종류와 특징

에센셜오일은 식물의 잎이나 꽃 등에서 추출한 오일로 가장 순수한 오일입니다. 농축된 식물 성분이므로 정량을 사용해야 합니다. 비누에 향기를 더할 수 있으며 각각의 에센셜오일 특성에 따라 효과도 기대할 수 있습니다. 한 가지를 사용하는 것보다 조화롭게 블렌딩을 해서 사용하면 시너지 효과가 더욱 높아집니다. 너무 많은 종류의 에센셜오일을 블렌딩하거나 비누에 고가의 에센셜오일을 첨가하는 것은 추천하지 않습니다.

에센셜오일 종류	특징
그레이프프루트	자몽의 껍질에서 추출한 오일이며 감미롭고 부드럽고 상쾌한 향입니다. 중추신경을 안정시키며 혈액 순환과 다이어트, 지방 분해에 도움을 줍니다. 강장, 살균, 소독 작용과 이뇨 작용, 항우울 작용을 합니다. 여드름, 지성 피부에 좋습니다.
라벤더	꽃과 잎에서 추출하며 우아하고 깨끗한 향입니다. 아로마테라피에서 가장 폭넓게 쓰이는 오일로 피부에 직접 바를 수 있는 것이 특징입니다. 긴장이나 노여운 감정을 풀어 기분을 차분하게 해주고 피로 회복에 효과적입니다. 화상과 염증에 좋고 살균 효과, 흉터 제거에도 좋습니다.
레몬	레몬의 껍질에서 추출한 오일이며 레몬 특유의 상쾌하고 산뜻한 향입니다. 진정 작용이 있으며 기분을 밝게 바꿔주고 고혈압과 빈혈에 효과적이다. 기름진 피부나 상처난 피부, 건조성 피부염에 뛰어난 효과를 발휘합니다.
레몬그라스	식물 전체 부분에서 추출한 오일이며 레몬처럼 싱그러운 향입니다. 지친 마음, 우울한 기분에 자극을 주어 생기를 부여하고 정신적으로 피로할 때 효과가 좋습니다. 강장, 구풍, 살균, 소화 촉진, 이뇨, 항우울증에 많이 쓰이며, 피부 모공 축소에도 도움이 됩니다.
로즈메리	꽃과 잎에서 추출하며 첫 향은 다소 강하지만 상쾌하고 깨끗합니다. 기억력과 집중력을 높이고 머리를 맑게 하고 피부 청결 유지에도 도움을 줍니다. 정신적인 피로가 쌓였을 때나 무기력할 때 사용하면 활력을 되찾게 합니다. 두피 및 모발 성장 촉진에도 좋습니다.
로즈우드	줄기 부분에서 추출하며 부드럽고 우아한 플로럴 향입니다. 만성적인 질환에 중요한 치료제로 쓰이며 면역 체계에 원기를 불어 넣고 우울증과 피로감을 덜어줍니다. 강장, 살균, 살충, 항우울증, 노화 피부 개선에 뛰어난 효과가 있습니다.
만다린	귤의 껍질에서 추출한 오일이며 달콤하고 부드러운 향입니다. 마음을 밝게 해주고 우울증이나 불안한 마음을 차분히 가라앉힙니다. 강장, 소화 촉진, 진정, 피부 연화 및 피부에 활력을 주는 효과가 있습니다.
메이창	열매에서 추출한 오일이며 진한 레몬향과 유사한 상큼한 과일향입니다., 땀 분비를 줄여주고 탈취 효과가 있어 지성 피부에 잘 어울립니다. 달콤하고 부드러운 향이 기분을 좋게 해주며 긴장을 완화시키는 역할을 합니다.
바질	꽃과 잎에서 추출한 오일이며 상큼하고 깨끗한 향입니다. 기분 전환과 집중력 향상, 우울증에 효과가 있습니다. 강장, 거담, 건위, 항우울증 등에 작용하며 지성 피부에 좋습니다.
베르가못	과일의 껍질에서 추출한 오일이며 상쾌하고 시원하며 감미로운 향입니다. 불안, 우울, 의기소침한 마음을 밝게 하고 여드름, 지루성 피부에 좋습니다. 비뇨기 계통 질병에 살균 효과가 뛰어나고, 방광염에도 효과적입니다.
사이프러스	열매에서 추출한 오일이며 솔 향기처럼 상쾌한 향입니다. 진정 작용이 있고 정맥 질환과 치질에 효과적이며 간장을 튼튼하게 하여 혈액을 조성해줍니다. 순환기 계통의 유행성 감기, 기관지염, 백일해, 천식 등에 유익하고 지성 피부에 많이 쓰입니다.

에센셜오일 종류	특징
스윗오렌지	오렌지 껍질에서 추출한 오일이며 싱그러운 감귤계의 향입니다. 피로와 긴장을 해소시켜 맑고 상쾌한 기분으로 바꿔줍니다. 피부의 독소를 제거하며 건조한 피부, 주름, 피부염을 개선하는 효과가 있습니다.
시더우드	나무에서 추출하며 샌들우드와 비슷한 오리엔탈 향입니다. 진정, 완화, 거담 작용을 하며 신체의 균형을 유지하도록 돕습니다. 수렴, 살균 효과가 뛰어나 지성 피부에 사용하면 여드름 등의 트러블을 완화시킵니다.
유칼립투스	잎에서 추출한 오일로서 예리하며 상쾌한 향입니다. 머리를 맑게 하고, 호흡기 기능을 강화시켜주며 지성 피부에도 좋습니다. 항바이러스 작용이 있어 유행성 감기, 인후 감염증, 기침, 카타르 증상, 부비강염, 천식 등에 효과적입니다.
일랑일랑	꽃에서 추출한 오일이며 관능적이고 에로틱한 향입니다. 노여움, 불안, 충격, 공포 등의 감정을 완화시킵니다. 피지 조절을 하여 건성 피부와 지성 피부에 좋습니다. 많이 사용하면 두통을 유발할 수 있으므로 용량에 주의해서 사용해야 합니다.
제라늄	식물 전체에서 추출한 오일이며 매혹적이고 우아한 플로럴 향입니다. 마음을 조화롭게 해주고 이뇨 작용이 뛰어나 노폐물을 배출시킵니다. 수렴작용을 하며 여드름 피부에 도움을 주며 피부 청결 유지에 좋습니다.
클라리세이지	꽃과 잎에서 추출한 오일이며 향긋하고 감미로운 향입니다. 기분이 가라앉아 있을 때 사용하면 기분을 밝게 합니다. 기름기 많은 모발에도 좋으며 특히 여성에게 유용한 오일로 건성 피부에 좋습니다.
티트리	잎에서 추출하며 상쾌하고 시원한 향입니다. 면역 체계를 활성화시켜 전염성 질병을 퇴치하는 데 효과적입니다. 백혈구를 활성화시키며 항균, 항진균 효과가 있어 여드름 피부에 좋으며 유행성 감기, 헤르페스, 카타르와 선열, 치은염에도 효과가 있습니다.
파인	잎과 가지, 솔방울에서 추출한 오일이며 신선하고 강한 소나무 향입니다. 심신을 자극하여 활기를 주며 정신을 상쾌하게 하고 면역 체계 강화를 돕습니다. 항바이러스, 항균 작용과 순환을 촉진합니다. 민감성 피부에는 추천하지 않습니다.
팔마로사	잎에서 추출한 오일이며 약간의 장미 향이 섞인 달콤한 향입니다. 진정 작용이 있으며 기분을 밝게 합니다. 소화기계를 강하게 만들어주고 식욕을 돋우며, 장내 세균증의 유해균을 억제합니다. 피지 분비를 촉진시키므로 건성 피부에 좋습니다.
파촐리	식물 전체에서 추출한 오일이며 달콤하고 신비로운 느낌의 오리엔탈 향입니다. 무기력증을 없애주고 기분 전환에 도움이 되고 식욕을 억제하는 작용을 합니다. 여드름, 피부염, 두피 비듬 제거, 셀룰라이트에 좋으며 향이 강하므로 소량만 사용하도록 합니다.
페티그레인	잎과 줄기에서 추출한 오일이며 향긋한 플로럴계의 향입니다. 진정 작용을 하며 몸과 마음의 긴장을 편안하게 풀어주는 특성이 있어서 불면증과 불안증에 좋습니다. 여드름과 뾰루지 등의 피부 트러블에도 좋습니다.
페퍼민트	식물 전체에서 추출한 오일이며 민트 특유의 상쾌하고 시원한 향입니다. 정신적 피로와 우울증에 탁월한 효과가 있습니다. 천식, 기관지염, 콜레라, 폐렴, 폐결핵 등에도 효과적으로 작용합니다. 가려움, 염증 제거에 좋습니다.
프랑킨센스	나무의 수액을 굳혀 추출한 오일이며 숲속에 들어온 듯 그윽한 그린 향입니다. 편안함과 행복감을 느끼게 합니다. 심리적인 불안감이나 강박 관념을 해소시키며 폐 기능을 강화시키므로 숨이 가쁜 증상과 천식에 좋습니다. 노화된 피부, 지성 피부에 좋습니다.

◆ 에센셜오일 블렌딩

에센셜오일은 비누 만들 때 첨가하면 비누에 향기를 부여할 수 있습니다.
은은한 향을 원하면 비누 총량의 2%, 진한 향을 원한다면 비누 총량의 3% 정도가 적당합니다.
원하는 블렌딩과 용량을 선택하고 핸드블렌더로 교반작업을 끝낸 후에 첨가합니다.

에센셜오일 추출 부위별 분류

추출 부위	에센셜오일
꽃	네롤리, 로즈, 일랑일랑, 재스민
꽃잎	라벤더, 로즈메리, 바질, 페퍼민트
잎	유칼립투스, 티트리, 파촐리
감귤류 껍질	레몬, 만다린, 오렌지
열 매	블랙페퍼, 주니퍼베리
수 지	미르, 프랑킨센스
나 무	로즈우드, 샌들우드, 시더우드
뿌 리	베티버, 진저

에센셜오일 그룹

Top Note (탑노트)	그레이프프루트, 네롤리, 라벤더스파이크, 라임, 레몬, 레몬그라스, 만다린, 바질, 베르가못, 스윗오렌지, 스피어민트, 시트로넬라, 유칼립투스, 탠저린, 페티그레인, 페퍼민트, 펜넬
Middle Note (미들노트)	라벤더, 로즈메리, 메이창, 블랙페퍼, 사이프러스, 시나몬리프, 일랑일랑, 제라늄, 주니퍼베리, 진저, 카렌듈라, 카모마일로만, 카모마일저먼, 캐럿시드, 클라리세이지, 티트리, 팔마로사, 펜넬
Base Note (베이스노트)	로즈앱솔루트, 로즈우드, 미르, 베티버, 벤조인, 시더우드, 에버래스팅, 일랑일랑, 클로브, 파촐리, 프랑킨센스

CITRUS

오일명	비율
베르가못	2
스윗오렌지	2
라벤더	3
프랑킨센스	3

오일명	비율
베르가못	2
스윗오렌지	2
라벤더	3
클라리세이지	3

오일명	비율
스윗오렌지	6
진저	2
파촐리	2

오일명	비율
그레이프프루트	5
로즈메리	3
파촐리	2

FLORAL

오일명	비율
라벤더	3
로즈제라늄	3
팔마로사	2
로즈우드	2

오일명	비율
페퍼민트	2
라벤더	5
진저	3

오일명	비율
제라늄	5
클라리세이지	2
파촐리	3

오일명	비율
페퍼민트	2
라벤더	5
주니퍼베리	3

HERBACEOUS

오일명	비율
레몬	3
유칼립투스	2
페퍼민트	1
라벤더	2
티트리	2

오일명	비율
유칼립투스	3
페퍼민트	3
로즈메리	4

오일명	비율
라벤더	3
제라늄	3
클라리세이지	4

오일명	비율
레몬	2
라벤더	4
티트리	4

MINTY

오일명	비율
레몬	3
스피어민트	2
페퍼민트	2
로즈메리	1
블랙페퍼	2

오일명	비율
그레이프프루트	4
유칼립투스	4
로즈메리	2

오일명	비율
레몬	3
페퍼민트	5
진저	2

오일명	비율
페퍼민트	3
주니퍼베리	3
파인	4

RESINOUS

오일명	비율
레몬	2
유칼립투스	1
티트리	2
로즈메리	2
프랑킨센스	3

오일명	비율
라벤더	4
파촐리	2
프랑킨센스	4

오일명	비율
스윗오렌지	2
라벤더	4
프랑킨센스	4

오일명	비율
스피어민트	4
로즈메리	3
프랑킨센스	3

SPICY

오일명	비율
스윗오렌지	2
유칼립투스	2
페퍼민트	2
라벤더	1
진저	3

오일명	비율
페퍼민트	2
로즈메리	4
주니퍼베리	2
진저	2

오일명	비율
스윗오렌지	4
베르가못	2
진저	3
파촐리	1

오일명	비율
스윗오렌지	6
블랙페퍼	2
파촐리	2

WOODY

오일명	비율
베르가못	2
라벤더	3
티트리	1
시더우드	1
프랑킨센스	3

오일명	비율
레몬	2
페퍼민트	1
라벤더	2
로즈메리	2
시더우드	3

오일명	비율
로즈메리	2
시나몬바크	2
일랑일랑	2
시더우드	2
파촐리	2

오일명	비율
페티그레인	3
팔마로사	4
로즈우드	3

◆레시피 구성 방법

1. 만들기 원하는 비누 타입을 결정합니다.

2. 총 오일량 정하기
비누 1kg을 만들기 위해 필요한 베이스오일량은 730~780g이 적당합니다.
나머지는 정제수, 가성소다, 첨가물 등의 용량입니다.

3. 포화지방산 용량 정하기
비누의 거품이나 단단함을 위해서는 기본적으로 코코넛과 팜이 필요하며 경우에 따라 팜은 생략되기도 합니다.
계절이나 피부 타입에 따라 용량을 조절할 수 있습니다.
건성용 비누의 경우 단단함이 부족하다고 느껴진다면 버터류를 첨가하여 단단함을 보강할 수 있습니다.
적절한 세정력과 거품, 단단함을 갖는 비누를 만들기 위해 포화지방산은 최소 45%이상 배치하는 것을 추천합니다.

4. 불포화지방산 용량 정하기
코코넛, 팜 등 포화지방산의 용량을 정했다면 비누 특성에 맞게 불포화지방산의 종류를 결정합니다.
너무 많은 종류의 오일을 첨가하는 것보다는 특징을 살릴 수 있는 오일로 2~3가지 정도 구성하는 것을 추천합니다.
불포화지방산 용량은 2번 과정에서 정한 총 오일량에서 포화지방산 용량을 뺀 나머지 양으로 합니다.

– 보습 : 동백, 시어버터, 아보카도, 올리브, 피마자, 해바라기
– 아토피 : 달맞이꽃, 동백, 미강, 시어버터, 올리브, 헴프시드
– 클렌징 : 살구씨, 스윗아몬드, 미강, 포도씨
– 두피 : 녹차씨, 동백, 아보카도, 윗점, 헴프시드
– 여드름 : 녹차씨, 해바라기
– 노화방지 : 녹차씨, 마카다미아넛, 아보카도, 포도씨

5. 정제수의 양 정하기
가성소다를 녹일 정제수의 양을 정합니다.
정제수, 증류수, 정수기 물, 생수 등을 사용하며 커피 원액, 산양유, 알코올류 등으로 대체 가능합니다.
전체 베이스오일에 포함된 포화지방산의 비율에 따라 정제수의 양을 달리하면 좀 더 완성도 높은 결과물을 얻을 수 있습니다.
(20페이지 표 참조)

6. 가성소다의 양 정하기

가성소다의 양은 각 오일의 양에 비누화 값을 곱하여 산출합니다.

여기서 가성소다 디스카운트 비율도 결정합니다.

산출한 값을 모두 더한 후 소숫점 이하는 올림하거나 생략합니다.

디스카운트는 보통 0~7%까지 하는 것이 일반적이라고 알려져 있습니다.

휴대폰에서 버블뱅크 '비누계산기' 어플을 사용하면 비누화 값을 편리하게 계산할 수 있습니다.

> **TIP** 이 책에서는 대부분 가성소다 디스카운트는 하지 않았습니다. 가성소다는 보통 93~98% 순도를 많이 사용합니다. 이미 디스카운트가 되어 있다고 보며, 한 번 개봉되어 공기와 접촉이 시작된 가성소다의 순도는 점점 떨어지게 됩니다. 또한 디자인비누의 경우 오일에 분산시켜놓은 비누용 액상 옥사이드를 사용하기 때문에 오일이 추가로 첨가됩니다. 이러한 상태에서 가성소다를 디스카운트한다면 비누는 빠른 시간 안에 산패가 시작될 수 있기 때문에 가성소다 디스카운트는 하지 않았습니다.

7. 첨가물의 종류와 용량 정하기

천연분말류는 비누 총량의 2% 내외, 클레이류는 1% 내외로 정합니다. 너무 많은 양의 분말을 첨가하면 비누의 거품 생성에도 영향을 미칩니다. 또한 좋은 천연분말을 첨가했다고 하여 비누가 치료 역할을 하는 것은 아닙니다. 첨가물은 필수재료가 아니며 생략 가능한 선택재료입니다.

8. 에센셜오일 종류와 용량 정하기

에센셜오일은 비누 총량의 1~3% 사이로 첨가합니다. 물론 4% 넣는다고 비누 완성에 문제가 생기지는 않습니다. 1%의 에센셜오일을 첨가했을 때 4주 이상 건조기간을 거치고 나면 비누에 향은 남아 있지 않습니다. 최소한 2%는 첨가해야 건조기간이 끝났을 때 약하게나마 은은한 향을 느낄 수 있습니다. 3% 첨가하여 비누를 만들면 비누를 모두 사용할 때까지 향이 남아 있어 향수비누의 역할도 할 수 있습니다.

– 아토피 : 라벤더, 카모마일, 티트리
– 여드름 : 라벤더, 레몬그라스, 사이프러스, 티트리
– 두피 : 로즈메리, 일랑일랑, 클라리세이지
– 건성 피부 : 팔마로사, 파촐리
– 민감성 피부 : 라벤더, 제라늄
– 지성 피부 : 베르가못, 사이프러스, 프랑킨센스, 일랑일랑

LESSON 6 | 천연비누 만들기 용어

◆ 기본 용어

비누화
베이스오일에 가성소다수용액을 넣고 교반하여 비누를 이루는 과정을 말합니다. CP비누에서는 4주 이상의 건조기간 중에도 비누화 반응은 서서히 진행됩니다.

비누화 값
지방산 유지(베이스오일) 1g을 비누로 만드는 데 필요한 가성소다 또는 가성가리의 양을 g으로 표기한 값입니다. 가성소다의 비누화 값에 1.4를 곱한 값이 물비누를 만드는 가성가리의 비누화 값입니다. 비누화 값은 오일에 따라 다르며 나라마다 다를 수 있습니다.

디스카운트
가성소다를 비누화 값에 따라 계산을 하고, 계산된 가성소다의 양을 줄이는 것을 말합니다. 비누화하지 않은 오일을 남기면 비누의 보습력이 높아지고 순해진다고 해서 디스카운트를 합니다. 일반적으로 가성소다 용량의 5% 이하로 디스카운트를 하며 피부 타입에 따라 원하는 수치로 조절할 수 있습니다. 단, 지나친 디스카운트는 오일이 쉽게 산패될 수 있으므로 비누의 유효기간이 짧아지는 원인이 되기도 합니다. 이 책에서는 디스카운트를 하지 않았습니다.

슈퍼팻
CP비누 만들기에서 트레이스가 난 이후에 오일을 첨가하는 것을 의미합니다. 고가의 오일이나 비누화하지 않고 남기고 싶은 오일을 첨가물 형태로 넣어 비누를 순하게 만들고 보습력을 높일 수 있다고 알려져 있습니다. 디스카운트처럼 산패가 빨라질 수 있으므로 총 오일량의 3% 이하가 적당합니다. 이 책에서는 슈퍼팻은 하지 않았습니다.

트레이스
'자국' '흔적'이라는 뜻으로 오일과 가성소다수용액이 반응을 하여 비누에 자국이 생기는 시점을 말합니다. 비누액이 수프 정도의 점도가 되면 실리콘주걱으로 비누액을 묻히고 들어 올렸을 때 비누액 위에 자국이 보이면 트레이스 상태로 봅니다. 트레이스를 내는 시간은 비누를 만드는 환경, 비누액의 온도, 사용한 재료 등에 따라 달라질 수 있습니다. 코코넛, 팜, 피마자, 미강 등은 트레이스가 빠른 오일이며 올리브는 트레이스 상태가 느린 오일입니다.

젤화
보온 과정에서 일어나는 반응으로 비누화 반응이 활발하게 이루어지면서 열로 인해 비누액이 투명한 젤 형태를 띠는 것을 말합니다. 특히 비누액의 트레이스 상태가 과하거나 보온 시 온도가 많이 높은 경우에 빈번하게 발생합니다. 사용감이 부드럽고 순한 장점이 있는 반면 산패가 빠르고 비누 안의 글리세린이 과다하게 배출되는 단점이 있습니다. 디자인비누의 경우는 대부분 젤화를 일으키지 않도록 만드는 것을 선호합니다.

보온
비누를 완성하기 위해서는 비누화 반응이 안정적으로 이루어지도록 온도를 유지해줄 필요가 있습니다. 보통 1kg 용량의 비누를 가장 많이 만들며, 비누의 양이 적을수록 보온에 더욱 신경을 써야 합니다. 반대로 양이 많을수록 비누몰드의 뚜껑을 열어 열을 식히는 방법 등으로 보온을 컨트롤해야 하는 경우도 있습니다.

건조
저온가공법(CP비누)으로 만든 비누는 보온과정을 마친 후 커팅하여 건조를 합니다.
직사광선을 피하여 서늘하고 통풍이 잘되는 곳이 좋으며 일반적으로 4주 이상 건조하고 pH 테스트를 거친 후 사용합니다.

LESSON **7** | 천연비누 만들기 **주의사항**

◆가성소다 사용 시 주의사항

1. 가성소다는 강알칼리성으로 피부에 직접 닿으면 피부에 자극을 주게 되므로 긴팔 옷이나 토시, 보호안경, 장갑 등을 착용한 상태로 다루어야 합니다.

2. 가성소다를 녹일 때는 반드시 정제수에 가성소다를 넣어 녹여야 합니다. 반대로 가성소다에 정제수를 부으면 급격한 반응으로 가성소다수용액이 튀어오를 수 있으니 주의해야 합니다.

3. 가성소다를 녹일 때 나오는 가스는 유독성이므로 흡입하지 않도록 하고 온도가 높게 올라가기 때문에 화상에도 주의해야 합니다.

4. 가성소다수용액이 피부에 묻으면 자극을 주거나 화상을 입을 수 있으니 흐르는 물에 바로 씻어낸 후 식초나 구연산 녹인 물을 피부에 발라줍니다.

5. 가성소다를 녹일 때는 스테인리스나 내열성 유리용기, PP 재질의 플라스틱용기에 작업합니다. 가성소다와 반응하는 알루미늄이나 얇은 플라스틱용기, 폴리카보네이트(PC) 재질은 용기를 녹일 수 있어 위험합니다.

6. 가성소다를 계량한 후에는 반드시 뚜껑을 꼭 닫아 애완동물이나 어린이의 손에 닿지 않는 안전한 장소에 보관합니다. 가성소다는 공기 중의 수분과 반응하는 성질이 있어 뚜껑을 잘 닫지 않은 상태로 두면 그대로 녹을 수 있습니다.

> **TIP** 이 책에서는 가성소다를 얼음에 녹이는 방법으로 가성소다수용액을 만들었습니다. 얼음에 녹이면 가성소다를 녹일 때 나는 유독성 가스가 발생하지 않고 가성소다수용액을 따로 식히는 과정이 필요하지 않습니다. 뚜껑이 있는 플라스틱용기(PP 재질)에 물의 총량의 80% 정도를 얼음으로 계량하고 나머지를 정제수나 생수로 채웁니다. 가성소다를 넣고 바로 뚜껑을 닫은 후 용기를 빙글빙글 돌려가며 흔들어 녹입니다. 만약 덜 녹은 가성소다 덩어리가 보일 때는 그대로 잠시 놓아두면 모두 녹아 있습니다. 가성소다수용액의 온도는 비누 만드는 데 크게 영향을 미치지 않습니다. 오일 온도가 40℃ 정도일 때 가성소다수용액의 온도가 30~40℃ 사이라면 크게 무리는 없습니다.

◆에센셜오일 사용 시 주의사항

1. 에센셜오일은 매우 농축된 물질이므로 피부에 직접적으로 닿지 않도록 하고, 절대 복용하지 않습니다. 특히, 애완동물과 어린이의 손에 닿지 않게 합니다.

2. 에센셜오일은 휘발성이 강하므로 반드시 뚜껑을 꼭 닫아 놓아야 하며 차광병에 담아 사용하고 직사광선과 고온을 피해야 합니다.

◆핸드블렌더 세척하기

비누 만드는 중간에 핸드블렌더에 컬러가 다르거나 첨가물이 다른 비누액이 묻어 있을 때는 뜨거운 물을 스테인리스비커에 담아 핸드블렌더를 가볍게 작동한 후 휴지로 물기를 닦아 사용합니다. 이때 핸드블렌더가 작동하지 않도록 전원을 끄거나 핸드블렌더를 분리해서 닦아야 안전합니다. 스테인리스비커의 물이 식었을때는 핫플레이트에 다시 살짝 데우면 비누 만드는 동안 여러번 사용할 수 있습니다.

◆비커와 도구 세척하기

비누 만들기가 끝나고 난 비커와 도구는 다음 날까지 그대로 방치해 둡니다. 다음 날 비커에 물을 채워둔 후 시간이 지나면 비커에 묻어 있는 비누액은 모두 물에 녹아 비커에 남아 있지 않습니다.
이때 가볍게 물로 헹구어 건조하고 비커나 도구에 약간의 유분기가 남아 있다면 주방세제로 닦아낸 후 헹구어 건조합니다.

◆가성소다 폐기방법

가성소다수용액을 버려야 하는 경우는 반드시 식초와 같은 약산성액을 가성소다수용액에 넣어 중화시킨 후 폐기해야 합니다. 아직 정제수와 섞지 않은 가성소다는 가성소다수용액을 만든 후 중화시켜 폐기합니다.

> **TIP** 가성소다는 법에서 규정하는 유독물질로 지정폐기물 처리방법에 의해 중화 처리 등을 하여 폐기토록 규정하고 있습니다.

[실전]
기본비누 만들기

1kg의 비누를 만들기 위한 베이스오일은?

760g의 베이스오일을 계량합니다.

베이스오일 중 코코넛오일, 팜오일을 먼저 계량하고 60℃ 정도로 가열한 후 여기에 나머지 오일을 계량합니다. 이런 방법으로 계량을 하면 베이스오일을 식혀야 하는 번거로움과 시간을 줄일 수 있습니다. 이 책에서 코코넛오일은 모두 엑스트라 버진 코코넛오일을 사용했습니다. 정제 코코넛오일을 사용해도 무방합니다.

가성소다 디스카운트는?

하지 않았습니다.

비누 만들 때 사용하는 시약용 가성소다의 순도는 93% 또는 98%입니다. 이미 2~7%정도 디스카운트가 되었다고 보며 또한 가성소다는 공기와 접촉하게 되면 순도가 점점 낮아집니다. 이런 이유로 이 책에서는 특별한 경우를 제외하고는 디스카운트를 하지 않았습니다.

가성소다수용액을 만들 때?

얼음과 정제수를 같이 사용하면 편리합니다.

정제수 총량의 80% 정도 얼음을 사용하면 가성소다수용액을 식혀야 하는 번거로움과 시간을 줄일 수 있습니다. 얼음은 시중에 판매하는 식용 얼음을 구입해 사용하거나 정수기 물, 생수 등을 직접 얼려서 사용합니다. 정제수는 정수기 물, 생수, 정제수, 증류수 중 어떤 것을 사용해도 무방합니다. 정제수를 대체하여 첨가하는 산양유, 레드와인, 커피 원액, 플로럴워터도 80% 정도 미리 얼린 후 사용하면 편리합니다.

가성소다수용액을 녹일 때?

뚜껑이 있는 플라스틱용기(PP 재질)를 사용하면 냄새 없이 가성소다를 녹일 수 있습니다.

얼음과 정제수가 들어 있는 플라스틱스크류용기에 가성소다를 넣은 후 바로 뚜껑을 닫고 흔들어서 녹여야 합니다. 바로 흔들지 않으면 작은 덩어리들이 녹지 않은 채 남아 있을 수 있습니다. 이 작은 덩어리들은 잠시 방치해두면 깨끗하게 녹습니다.

거품기 사용은?

실리콘주걱과 핸드블렌더를 사용합니다.

이 책에서는 거품기를 사용하지 않습니다. 베이스오일과 가성소다수용액이 제대로 섞이려면 거품기보다는
핸드블렌더를 추천합니다. 특히 거품기 사용이 서툰 초보자들은 교반이 제대로 이루어지지 않아 비누의 완성도가
떨어지는 경우가 종종 발생합니다. 트레이스를 내는 방법은 핸드블렌더를 지나치게 사용하여 걸쭉한 점도를 내는
것보다는 약한 세기의 핸드블렌더로 교반과정을 끝낸 후 실리콘주걱으로 천천히 저으며 원하는 트레이스 시점에
도달하는 방법을 권합니다.
핸드블렌더는 트레이스를 내는 도구가 아닌 제대로 된 교반을 위해 사용하는 '비누의 교반기' 개념으로 보는 것이
좋습니다.

에센셜오일은 꼭?

생략해도 됩니다.

비누 1kg을 완성하는 데 에센셜오일은 보통 1~3% 정도 첨가합니다. 1% 첨가를 할 경우 한 달 정도 건조기간을
거치고 나면 대부분의 향이 날아가 거의 남아 있지 않습니다. 에센셜오일의 종류에 따라 다르지만 2% 정도 첨가하면
건조기간 후에도 은은한 향을 유지할 수 있습니다.

보온 시 온도는?

비누액의 온도와 작업환경, 계절에 따라 모두 다릅니다.

여름에는 실온에 두어도 충분히 보온이 이루어집니다. 보온고(온장고) 또는 스티로폼 박스를 사용하기도 하며,
내부 온도에 따라 문이나 뚜껑을 조금 열어두어야 하는 경우도 있습니다. 비누는 만들기 과정에도 많은 연습이
필요하지만 보온방법에 관해서도 나만의 노하우를 갖고 있는 것이 중요합니다. 비누를 만드는 것만큼 보온도 아주
중요한 단계입니다.

기본비누

분류	재료	용량	비고	
베이스오일 (760g)	코코넛(버진)	230g	전체 오일량의 30.3%	포화지방산 : 45.2% 불포화지방산 : 54.8%
	팜	230g	전체 오일량의 30.3%	
	동백	150g	전체 오일량의 19.7%	
	미강	50g	전체 오일량의 6.6%	
	올리브(퓨어)	100g	전체 오일량의 13.2%	
가성소다수용액	가성소다	116.3g	디스카운트 없음	
	정제수(29%)	220g	얼음 180g + 정제수 40g	
에센셜오일	비누 총량의 2%	20ml	라벤더 18ml + 파촐리 2ml	

도구

핫플레이트, 전자저울, 핸드블렌더, 온도계
플라스틱용기(PP 재질), 유리비커, 스테인리스비커, 실리콘몰드, 실리콘주걱,
플라스틱스푼, 니트릴장갑

How to make

1 코코넛오일, 팜오일을 계량
하여 60℃로 가열합니다.

2 1에 나머지 베이스오일을
모두 계량합니다.

3 뚜껑이 있는 플라스틱용기
(PP 재질)에 얼음과 정제수
를 계량합니다.

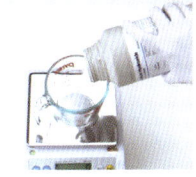

4 가성소다를 계량합니다.

5 3에 가성소다를 넣습니다

6 곧바로 뚜껑을 닫은 후 원
을 그리듯 흔들어 가성소다
를 완전히 녹입니다.

7 베이스오일과 가성소다수
용액의 온도를 각각 40℃
정도로 맞춥니다.

8 2에 가성소다수용액을 넣
습니다.

9 실리콘주걱으로 2분 정도
잠시 저어줍니다.

10 핸드블렌더를 약하게 사
용하여 교반을 합니다.

11 에센셜오일을 첨가하고
골고루 섞이도록 실리콘
주걱으로 충분히 저어줍
니다.

12 비누액이 수프 정도의 점
도가 될 때까지 실리콘주
걱으로 골고루 저어줍니다.

13 실리콘몰드에 비누액을
넣습니다.

14 실리콘몰드의 뚜껑을 닫
고 보온을 합니다.

15 완성된 비누를 원하는 사
이즈로 커팅하여 4주 이
상의 건조기간이 지나면
pH테스트를 거친 후 사용
합니다.

(초승달(90g) 1개 + 하트M(90g) 1개 +별S(35g) 1개 분량)

CP속비누 만들기

"밤하늘비누, 하트비누 만들기에 꼭 필요한 과정입니다.
1~2일 전에 미리 만들어 둡니다."

분류	재료	용량	비고	
베이스오일 (150g)	코코넛(버진)	50g	전체 오일량의 33.3%	포화지방산 : 47.9% 불포화지방산 : 52.1%
	팜	50g	전체 오일량의 33.3%	
	미강	20g	전체 오일량의 13.3%	
	스윗아몬드	30g	전체 오일량의 20%	
가성소다수용액	가성소다	23.2g	디스카운트 없음	
	정제수(29%)	43g	얼음 30g + 정제수 13g	
에센셜오일	비누 총량의 2%	5ml	라벤더	
첨가물	옥사이드(액상)	소량	레드(하트M), 옐로우레이크(초승달)	
	티타늄디옥사이드(액상)	소량	별S	

도구

핫플레이트, 전자저울, 핸드블렌더, 온도계
플라스틱용기(PP 재질), 유리비커, 스테인리스비커, 실리콘몰드(속비누용), 실리콘주걱
플라스틱스푼, 니트릴장갑

How to make

1 코코넛오일, 팜오일을 계량 하여 58℃로 가열합니다.

2 1에 나머지 베이스오일을 계량합니다.

3 뚜껑이 있는 플라스틱용기 (PP 재질)에 얼음과 정제수 를 계량합니다.

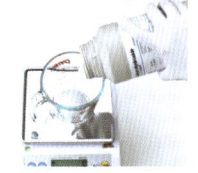

4 가성소다를 계량합니다.

5 3에 가성소다를 넣습니다

6 곧바로 뚜껑을 닫은 후 원 을 그리듯 흔들어 가성소다 를 완전히 녹입니다.

7 베이스오일과 가성소다수 용액의 온도를 각각 40℃ 정도로 맞춥니다.

8 베이스오일에 가성소다수 용액을 넣습니다.

9 실리콘주걱으로 3분 정도 골고루 저어줍니다.

10 핸드블렌더를 약하게 사 용하여 교반을 합니다.

11 에센셜오일을 넣고 골고 루 섞이도록 실리콘주걱 으로 충분히 저어줍니다.

12 옐로컬러를 만들기 위해 액상 옥사이드와 액상 티 타늄디옥사이드를 소량 첨 가하고 골고루 저어둡니다.

13 실리콘몰드에 넣은 후 몰 드가 넘어지지 않도록 고 정을 한 후 보온을 합니다.

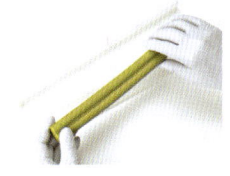

14 보온을 끝내면 실리콘몰 드에서 꺼내어 속비누로 사용합니다.

● using tip

CP속비누 만들기는 레시피를 변형하여 비누가 약간 단단한 완성품이 될 수 있도록 레시피를 구성했습니다. 속비누에 사 용하는 좁고 긴 형태의 비누는 몰드에서 빼낼 때 쉽게 휘어지 거나, 적은 양의 비누액으로 인해 비누화 과정을 거치면서 비 누가 단단하지 않고 무를 수 있기 때문입니다.

별모양M(90g) 1개 + 별모양S(35g) 2개 분량

MP속비누 만들기

"크리스마스별비누 만들기에 꼭 필요한 과정입니다.
1~2일 전에 미리 만들어 둡니다."

재료	용량	비고
MP비누 베이스	125g	투명 베이스
에센셜오일	2ml	라벤더
식용색소	소량	그린, 레드

도구

핫플레이트, 전자저울, 유리비커, 실리콘몰드,
플라스틱스푼, 니트릴장갑, 도마, 칼

How to make

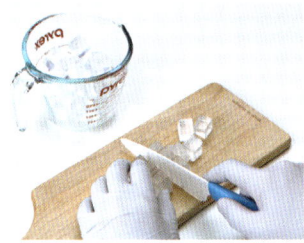

1 MP비누 베이스를 잘게 자르고 125g을
   계량하여 유리비커에 담아둡니다.

2 유리비커에 담긴 비누 베이스를 핫플레
   이트에 올려 약한 열로 서서히 녹입니다.

3 다 녹은 비누 베이스에 에센셜오일을
   첨가합니다.

4 그린 컬러의 식용색소를 넣고 골고루
   저어둡니다.

5 비누액을 실리콘몰드(속비누용)에 넣어
   굳힙니다. (빠른 시간 안에 굳히려면 냉
   장고에 넣고 1~2시간 정도 후에 꺼내
   어 실온에서 완전히 굳힙니다.)

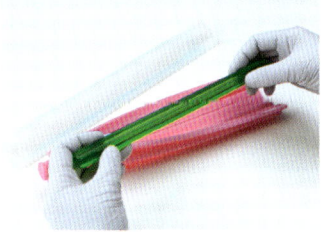

6 완성된 비누는 몰드에서 꺼냅니다.

BASIC SOAP
베이직 비누

〰〰〰〰〰〰〰〰

"
피부 타입에 따라,
피부 상태에 따라
나한테 딱 맞는
맞춤형 처방 비누를 만들어 보세요.
"

풍부한 폴리페놀이 피부에 영양을 듬뿍~

고대미 비누

영양

고대미 비누

비누 완성품 1,130g

분류	재료	용량	비고	
베이스오일 (760g)	코코넛(버진)	300g	전체 오일량의 39.5%	포화지방산 : 49.2% 불포화지방산 : 50.8%
	팜	150g	전체 오일량의 19.7%	
	미강	60g	전체 오일량의 7.9%	
	아보카도	130g	전체 오일량의 17.1%	
	윗점	60g	전체 오일량의 7.9%	
	해바라기	60g	전체 오일량의 7.9%	
가성소다수용액	가성소다	119g	디스카운트 없음	
	정제수(30%)	228g	얼음 180g + 정제수 48g	
에센셜오일	비누 총량의 2%	20ml	라벤더 12ml + 제라늄 6ml + 프랑킨센스 2ml	
첨가물	고대미 분말	10g	비누 총량의 1%	
	티타늄디옥사이드 (액상)	소량		

도구

핫플레이트, 전자저울, 핸드블렌더, 온도계

플라스틱용기(PP 재질), 유리비커, 스테인리스비커, 실리콘몰드, 실리콘주걱

플라스틱스푼, 니트릴장갑

How to make

1 코코넛오일, 팜오일을 계량하여 60℃로 가열합니다.

2 1에 나머지 베이스오일을 모두 계량합니다.

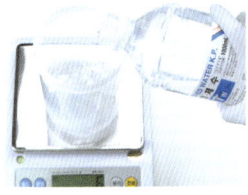

3 뚜껑이 있는 플라스틱용기(PP 재질)에 얼음과 정제수를 계량합니다.

4 가성소다를 계량합니다.

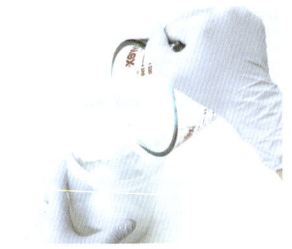

5 3에 가성소다를 넣습니다.

6 곧바로 뚜껑을 닫은 후 회전하며 흔들어 가성소다를 완전히 녹입니다.

7 베이스오일과 가성소다수용액의 온도를 각각 40℃ 정도로 맞춥니다.

8 베이스오일에 가성소다수용액을 넣습니다.

9 실리콘주걱으로 2분 정도 골고루 저어 줍니다.

10 고대미 분말을 첨가합니다.

11 비누의 투명한 느낌을 없애기 위해 액상 티타늄디옥사이드를 첨가합니다.

12 핸드블렌더를 약하게 사용하여 교반을 합니다.

13 에센셜오일을 첨가한 후 골고루 섞이도록 실리콘주걱으로 충분히 저어줍니다.

14 걸쭉한 점도가 되면 실리콘몰드에 비누액을 넣습니다.

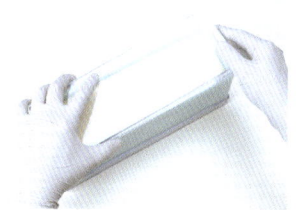

15 실리콘몰드의 뚜껑을 닫고 보온을 합니다.

16 완성된 비누는 원하는 사이즈로 커팅하고 4주 이상의 건조기간이 지나면 pH테스트를 거친 후 사용합니다.

피지는 쏙~ 모공은 깨끗하게~

숯 비누

모공

숯 비누

비누 완성품 1,130g

분류	재료	용량	비고	
베이스오일 (760g)	코코넛(버진)	350g	전체 오일량의 46.1%	포화지방산 : 50.4% 불포화지방산 : 49.6%
	팜	150g	전체 오일량의 19.7%	
	미강	60g	전체 오일량의 7.9%	
	헤이즐넛	200g	전체 오일량의 26.3%	
가성소다수용액	가성소다	122g	디스카운트 없음	
	정제수(30%)	228g	얼음 180g + 정제수 48g	
에센셜오일	비누 총량의 2%	20ml	라벤더 10ml + 티트리 10ml	
첨가물	숯 분말	10g	비누 총량의 1%	

도구

핫플레이트, 전자저울, 핸드블렌더, 온도계

플라스틱용기(PP 재질), 유리비커, 스테인리스비커, 실리콘몰드, 실리콘주걱

플라스틱스푼, 니트릴장갑

How to make

1 코코넛오일, 팜오일을 계량하여 60℃로 가열합니다.

2 1에 나머지 베이스오일을 모두 계량합니다.

3 뚜껑이 있는 플라스틱용기(PP 재질)에 얼음과 정제수를 계량합니다.

4 가성소다를 계량합니다.

5 3에 가성소다를 넣습니다.

6 곧바로 뚜껑을 닫은 후 원을 그리듯 흔들어 가성소다를 완전히 녹입니다.

7 베이스오일과 가성소다수용액의 온도를 각각 40℃ 정도로 맞춥니다.

8 베이스오일에 숯 분말을 넣습니다.

9 분말이 뭉치지 않도록 핸드블렌더를 사용하여 골고루 블렌딩합니다.

10 베이스오일에 가성소다수용액을 넣습니다.

11 실리콘주걱으로 2분 정도 골고루 저어줍니다.

12 핸드블렌더를 약하게 사용하여 교반을 합니다.

13 에센셜오일을 첨가합니다.

14 에센셜오일이 골고루 섞이도록 실리콘주걱으로 충분히 저어줍니다.

15 걸쭉한 점도가 되면 실리콘몰드에 비누액을 넣습니다.

16 실리콘몰드의 뚜껑을 닫고 보온을 합니다.

17 완성된 비누는 원하는 사이즈로 커팅하고 4주 이상의 건조기간이 지나면 pH테스트를 거친 후 사용합니다.

예민한 피부를 진정시켜주고 촉촉하게 가꿔주는
카렌듈라 허브 비누

진정

카렌듈라 허브 비누

비누 완성품 1,110g

분류	재료	용량	비고	
베이스오일 (760g)	코코넛(버진)	250g	전체 오일량의 32.9%	포화지방산 : 45% 불포화지방산 : 55%
	팜	250g	전체 오일량의 32.9%	
	달맞이꽃	80g	전체 오일량의 10.5%	
	동백	180g	전체 오일량의 23.7%	
가성소다수용액	가성소다	118g	디스카운트 없음	
	정제수(30%)	220g	얼음 180g + 정제수 40g	
에센셜오일	비누 총량의 2%	20ml	라벤더 20ml	
첨가물	카렌듈라 드라이 허브	소량		

도구

핫플레이트, 전자저울, 핸드블렌더, 온도계
플라스틱용기(PP 재질), 유리비커, 스테인리스비커, 실리콘몰드, 실리콘주걱
플라스틱스푼, 니트릴장갑

How to make

1 코코넛오일, 팜오일을 계량하여 60℃로 가열합니다.

2 1에 나머지 베이스오일을 모두 계량합니다.

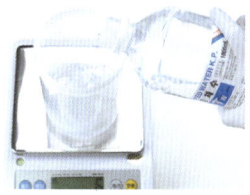

3 뚜껑이 있는 플라스틱용기(PP 재질)에 얼음과 정제수를 계량합니다.

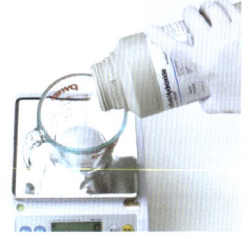

4 가성소다를 계량합니다.

5 3에 가성소다를 넣습니다.

6 곧바로 뚜껑을 닫은 후 원을 그리듯 흔들어 가성소다를 완전히 녹입니다.

7 베이스오일과 가성소다수용액의 온도를 각각 40℃ 정도로 맞춥니다.

8 베이스오일에 가성소다수용액을 넣습니다.

9 실리콘주걱으로 2분 정도 골고루 저어줍니다.

10 핸드블렌더를 약하게 사용하여 교반
   을 합니다.

11 카렌듈라 허브를 첨가합니다.

12 에센셜오일을 첨가한 후 골고루 섞이
   도록 실리콘주걱으로 충분히 저어줍
   니다.

13 걸쭉한 점도가 되면 실리콘몰드에 비
   누액을 넣습니다.

14 실리콘몰드의 뚜껑을 닫고 보온을 합
   니다.

15 완성된 비누는 원하는 사이즈로 커팅
   하고 4주 이상의 건조기간이 지나면
   pH테스트를 거친 후 사용합니다.

● making tip ···

카렌듈라 허브는 베이스오일에 담가 지용성 성분을 우려낸 인퓨즈오일을 만들
어 베이스오일로 사용하면 좋습니다.

[인퓨즈오일 만들기]
인퓨즈오일을 만들 유리용기를 에탄올로 소독한 후 카렌듈라 꽃잎을 담습니다.
오일은 올리브오일, 포도씨오일, 해바라기오일 등을 사용합니다.
허브는 오일에 잠길 정도면 됩니다. 허브가 오일에 잠기지 않으면 그 부분에 곰
팡이가 생길 수 있으니 주의합니다.
햇빛이 잘 드는 곳에 두면 유효성분이 더욱 잘 우러나며 가끔 한번씩 흔들어 줍
니다.
1개월 내외로 인퓨즈 한 후 거즈나 필터에 걸러 베이스오일로 사용합니다.

부드럽게 각질을 녹여 피부에 자극이 적은

호호바 비즈 스크럽 비누

Real Essential Oils & Organic Herbs
Only Safe Natural Ingredients

Natural & Organic

Real Essential Oils & Organic Herbs
Only Safe Natural Ingredients

Natural & Organic

호호바 비즈 스크럽 비누

비누 완성품 1,120g

분류	재료	용량	비고	
베이스오일 (760g)	코코넛(버진)	330g	전체 오일량의 43.4%	포화지방산 : 47.2% 불포화지방산 : 52.8%
	팜	130g	전체 오일량의 17.1%	
	살구씨	130g	전체 오일량의 17.1%	
	올리브(퓨어)	100g	전체 오일량의 13.2%	
	포도씨	70g	전체 오일량의 9.2%	
가성소다수용액	가성소다	121g	디스카운트 없음	
	정제수(30%)	228g	얼음 180g + 정제수 48g	
에센셜오일	비누 총량의 2%	20ml	라벤더 10ml + 레몬 6ml + 레몬그라스 4ml	
첨가물	호호바 비즈	소량		
	티타늄디옥사이드(액상)	소량		

도구

핫플레이트, 전자저울, 핸드블렌더, 온도계

플라스틱용기(PP 재질), 유리비커, 스테인리스비커, 실리콘몰드, 실리콘주걱,

플라스틱스푼, 니트릴장갑

How to make

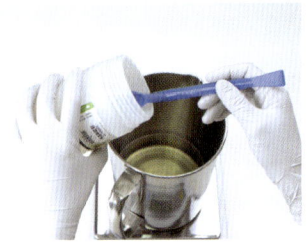

1 코코넛오일, 팜오일을 계량하여 60℃로 가열합니다.

2 1에 나머지 베이스오일을 모두 계량합니다.

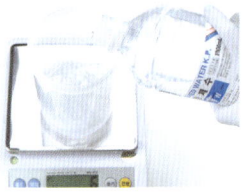

3 뚜껑이 있는 플라스틱용기(PP 재질)에 얼음과 정제수를 계량합니다.

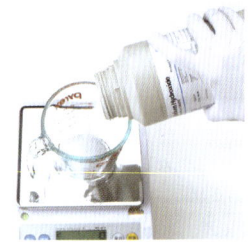

4 가성소다를 계량합니다.

5 3에 가성소다를 넣습니다.

6 곧바로 뚜껑을 닫은 후 원을 그리듯 흔들어 가성소다를 완전히 녹입니다.

7 베이스오일과 가성소다수용액의 온도를 각각 40℃ 정도로 맞춥니다.

8 베이스오일에 가성소다수용액을 넣습니다.

9 실리콘주걱으로 2분 정도 골고루 저어줍니다.

10 비누의 투명한 느낌을 없애기 위해 액상 티타늄디옥사이드를 첨가합니다.

11 핸드블렌더를 약하게 사용하여 교반을 합니다.

12 호호바 비즈를 첨가합니다.

13 에센셜오일을 첨가합니다.

14 호호바 비즈와 에센셜오일이 골고루 섞이도록 실리콘주걱으로 충분히 저어줍니다.

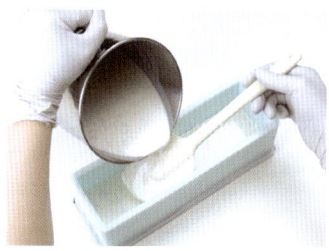

15 걸쭉한 점도가 되면 실리콘몰드에 비누액을 넣습니다.

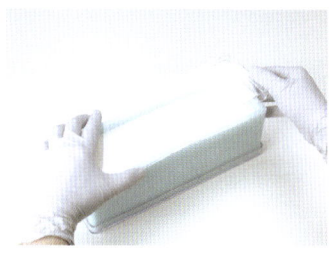

16 실리콘몰드의 뚜껑을 닫고 보온을 합니다.

17 완성된 비누는 원하는 사이즈로 커팅하고 4주 이상의 건조기간이 지나면 pH테스트를 거친 후 사용합니다.

거품은 부드럽게~ 보습은 확실하게~
올리브 마르세유 비누

보습

올리브 마르세유 비누

비누 완성품 1,090g

분류	재료	용량	비고	
베이스오일 (760g)	코코넛(버진)	213g	전체 오일량의 28%	포화지방산 : 34.4% 불포화지방산 : 65.6%
	올리브(퓨어)	547g	전체 오일량의 72%	
가성소다수용액	가성소다	114g	디스카운트 없음	
	정제수(27%)	205g	얼음 165g + 정제수 40g	
에센셜오일	비누 총량의 2%	20ml	라벤더 20ml	

도구

핫플레이트, 전자저울, 핸드블렌더, 온도계

플라스틱용기(PP 재질), 유리비커, 스테인리스비커, 아크릴몰드 2개, 실리콘주걱

플라스틱스푼, 니트릴장갑

How to make

1 코코넛오일을 계량하여 62℃로 가열합니다.

2 1에 나머지 베이스오일을 모두 계량합니다.

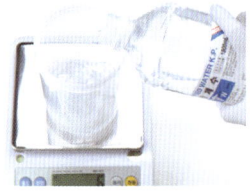

3 뚜껑이 있는 플라스틱용기(PP 재질)에 얼음과 정제수를 계량합니다.

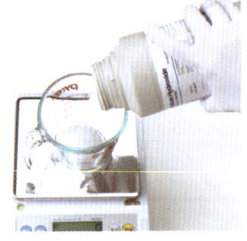

4 가성소다를 계량합니다.

5 3에 가성소다를 넣습니다.

6 곧바로 뚜껑을 닫은 후 원을 그리듯 흔들어 가성소다를 완전히 녹입니다.

7 베이스오일과 가성소다수용액의 온도를 각각 40℃ 정도로 맞춥니다.

8 베이스오일에 가성소다수용액을 넣습니다.

9 실리콘주걱으로 2분 정도 골고루 저어줍니다.

10 핸드블렌더를 약하게 사용하여 교반을 합니다.

11 에센셜오일을 첨가합니다.

12 에센셜오일이 골고루 섞이도록 실리콘주걱으로 충분히 저어줍니다.

13 걸쭉한 점도가 되면 바닥부분에 랩을 씌워 준비해 둔 아크릴몰드에 비누액을 넣은 후 윗부분에도 랩을 씌워 보온을 합니다.

14 완성된 비누는 원하는 사이즈로 커팅하고 4주 이상의 건조기간이 지나면 pH테스트를 거친 후 사용합니다.

● making tip

아크릴몰드 사용 시에는 비누 보온에 좀 더 신경을 써야 합니다.
아크릴몰드는 실리콘과 달리 열을 오래 갖고 있지 못해 비누액이 금방 식어버립니다.
좀 더 꼼꼼하게 보온을 유지해야 할 필요가 있습니다.

저자극 비누로 피부를 건강하게~
팜프리 비누

진정

팜프리 비누

비누 완성품 1,120g

분류	재료	용량	비고	
베이스오일 (760g)	코코넛(버진)	380g	전체 오일량의 50%	포화지방산 : 48.2% 불포화지방산 : 51.8%
	동백	130g	전체 오일량의 17.1%	
	미강	60g	전체 오일량의 7.9%	
	스윗아몬드	130g	전체 오일량의 17.1%	
	시어버터	60g	전체 오일량의 7.9%	
가성소다수용액	가성소다	123g	디스카운트 없음	
	정제수(30%)	228g	얼음 180g + 정제수 48g	
에센셜오일	비누 총량의 2%	20ml	로즈메리 8ml + 페퍼민트 7ml + 시더우드 5ml	
첨가물	홍화 드라이 허브	소량		

도구

핫플레이트, 전자저울, 핸드블렌더, 온도계

플라스틱용기(PP 재질), 유리비커, 스테인리스비커, 실리콘몰드, 실리콘주걱

플라스틱스푼, 니트릴장갑

How to make

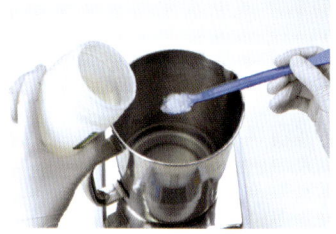

1 버진 코코넛오일을 계량하여 58℃로 가열합니다.

2 1에 시어버터를 계량하고 오일의 열로 시어버터를 녹입니다.

3 나머지 베이스오일을 모두 계량합니다.

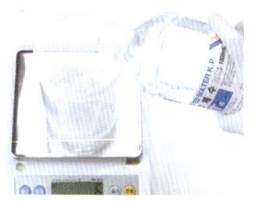

4 뚜껑이 있는 플라스틱용기(PP 재질)에 얼음과 정제수를 계량합니다.

5 가성소다를 계량합니다.

6 4에 가성소다를 넣습니다.

7 곧바로 뚜껑을 닫은 후 회전하며 흔들어 가성소다를 완전히 녹입니다.

8 베이스오일과 가성소다수용액의 온도를 각각 40℃ 정도로 맞춥니다.

9 베이스오일에 가성소다수용액을 넣습니다.

10 실리콘주걱으로 2분 정도 골고루 저어줍니다.

11 핸드블렌더를 약하게 사용하여 교반을 합니다.

12 에센셜오일을 첨가하고 골고루 섞이도록 실리콘주걱으로 충분히 저어줍니다.

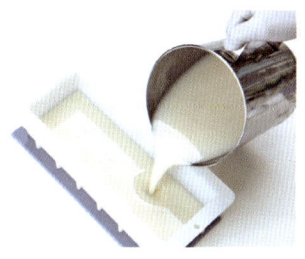

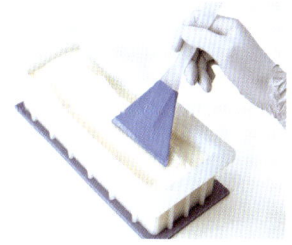

13 걸쭉한 점도가 되면 실리콘몰드에 비누액을 넣습니다.

14 실리콘몰드의 뚜껑을 닫고 비누액이 출렁거리지 않을 때까지 보온을 합니다.

15 비누액 윗면이 출렁거리지 않으면 보온고에서 꺼내고 실리콘주걱으로 결을 표현합니다.

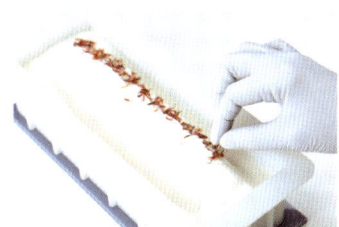

16 홍화 드라이 허브로 데코레이션한 후 실리콘몰드의 뚜껑을 닫고 보온을 합니다.

17 완성된 비누는 원하는 사이즈로 커팅하고 4주 이상의 건조기간이 지나면 pH테스트를 거친 후 사용합니다.

거칠어진 피부를 매끈하고 건강하게~

엑스트라 버진 코코넛 비누

지성

엑스트라 버진 코코넛 비누

비누 완성품 1,160g

분류	재료	용량	비고	
베이스오일 (720g)	코코넛(버진)	720g	전체 오일량의 100%	포화지방산 : 79% 불포화지방산 : 21%
가성소다수용액	가성소다	129g	-6% 디스카운트	
	정제수(42%)	302g	얼음 212g + 정제수 90g	
에센셜오일	비누 총량의 2%	20ml	라벤더 10ml + 로즈메리 10ml	

도구

핫플레이트, 전자저울, 핸드블렌더, 온도계

플라스틱용기(PP 재질), 유리비커, 스테인리스비커, 실리콘몰드, 실리콘주걱

플라스틱스푼, 니트릴장갑

How to make

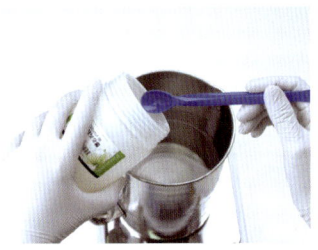

1 버진 코코넛오일을 계량하여 42℃로 가열합니다.

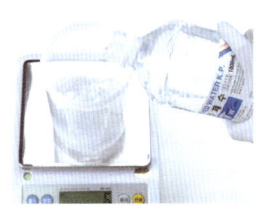

2 뚜껑이 있는 플라스틱용기(PP 재질)에 얼음과 정제수를 계량합니다.

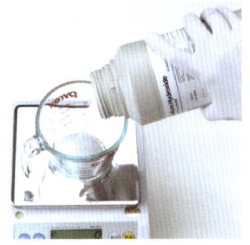

3 가성소다를 계량합니다.

4 2에 가성소다를 넣습니다.

5 곧바로 뚜껑을 닫은 후 원을 그리듯 흔들어 가성소다를 완전히 녹입니다.

6 베이스오일과 가성소다수용액의 온도를 각각 40℃ 정도로 맞춥니다.

7 베이스오일에 가성소다수용액을 넣습니다.

8 실리콘주걱으로 5분 정도 골고루 저어줍니다.

9 핸드블렌더를 약하게 사용하여 교반을 합니다.

10 에센셜오일을 첨가한 후 골고루 섞이도록 실리콘주걱으로 충분히 저어줍니다.

11 걸쭉한 점도가 될 때까지 실리콘주걱으로 저어서 트레이스 시점을 맞춥니다. 이때, 비누액의 온도가 떨어지면 아주 약한 온도로 잠시 가열을 하여 40℃를 유지하도록 합니다.

12 걸쭉한 점도가 되면 실리콘몰드에 비누액을 모두 넣습니다.

13 실리콘몰드의 뚜껑을 닫고 보온을 합니다.

14 완성된 비누는 원하는 사이즈로 커팅하고 4주 이상의 건조기간이 지나면 pH테스트를 거친 후 사용합니다.

● making tip

11번 과정에서 비누액이 걸쭉한 점도가 될 때까지 실리콘주걱으로 오랜시간 계속해서 저을 필요는 없습니다.

비누액을 가끔씩 골고루 젓고 때로는 가만히 두어 스스로 반응이 일어나 트레이스 시점으로 갈 수 있는 시간도 필요합니다.

오랜시간 계속해서 젓고 있으면 비누액의 온도도 떨어지게 되며 트레이스는 더욱 더디게 진행이 됩니다.

비누액의 온도가 38℃ 이상이 되어야 트레이스가 진행됩니다. 온도가 떨어진 비누액은 트레이스가 진행되지 않습니다.

이때는 핫플레이트의 아주 약한 온도로 잠시 가열을 하여 40℃를 유지하도록 합니다.

셀레늄 성분이 피부를 탱탱하게~

산양유 비누

산양유 비누

비누 완성품 1,120g

분류	재료	용량	비고	
베이스오일 (760g)	코코넛(버진)	300g	전체 오일량의 39.5%	포화지방산 : 46.8% 불포화지방산 : 53.2%
	팜	160g	전체 오일량의 21.1%	
	아보카도	80g	전체 오일량의 10.5%	
	올리브(퓨어)	80g	전체 오일량의 10.5%	
	피마자	70g	전체 오일량의 9.2%	
	해바라기	70g	전체 오일량의 9.2%	
가성소다수용액	가성소다	119g	디스카운트 없음	
	산양유(30%)	228g	얼린 산양유 200g + 냉장 산양유 28g	
에센셜오일	비누 총량의 2%	20ml	라벤더 17ml + 파촐리 3ml	

도구

핫플레이트, 전자저울, 핸드블렌더, 온도계
플라스틱용기(PP 재질), 유리비커, 스테인리스비커, 실리콘몰드, 실리콘주걱,
플라스틱스푼, 니트릴장갑

How to make

1 코코넛오일, 팜오일을 계량하여 60℃로 가열합니다.

2 여기에 시어버터를 계량하여 완전히 녹입니다.

3 시어버터가 완전히 녹았으면 나머지 오일을 모두 계량하고 골고루 섞어둡니다.

4 뚜껑이 있는 플라스틱용기(PP 재질)에 얼려놓은 산양유와 냉장 산양유를 계량합니다.

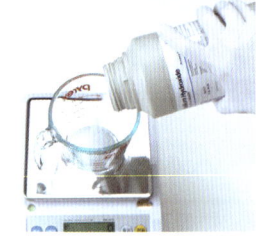

5 가성소다를 계량합니다.

6 4에 가성소다를 넣습니다.

7 곧바로 뚜껑을 닫은 후 원을 그리듯 흔들어 가성소다를 완전히 녹입니다.

8 베이스오일과 가성소다수용액의 온도를 각각 40℃ 정도로 맞춥니다.

9 베이스오일에 7을 넣습니다.

10 실리콘주걱으로 2분 정도 골고루 저어줍니다.

11 핸드블렌더를 약하게 사용하여 교반을 합니다.

12 에센셜오일을 첨가합니다.

13 에센셜오일이 골고루 섞이도록 실리콘주걱으로 충분히 저어줍니다.

14 걸쭉한 점도가 되면 실리콘몰드에 비누액을 넣습니다.

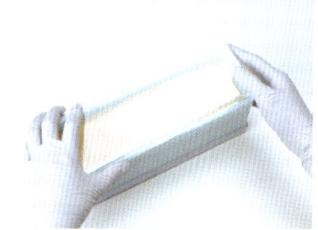

15 실리콘몰드의 뚜껑을 닫고 보온을 합니다.

16 완성된 비누는 원하는 사이즈로 커팅하고 4주 이상의 건조기간이 지나면 pH테스트를 거친 후 사용합니다.

● making tip ···

시어버터는 다른 베이스오일에 비해 열에 약한 특성을 가지고 있습니다.
코코넛, 팜오일을 먼저 계량하고 60℃로 가열한 후 시어버터를 첨가해서 녹이는 방법을 권합니다.

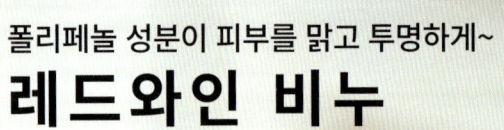

폴리페놀 성분이 피부를 맑고 투명하게~

레드와인 비누

레드와인 비누

비누 완성품 1,120g

분류	재료	용량	비고	
베이스오일 (760g)	코코넛(버진)	300g	전체 오일량의 39.5%	포화지방산 : 47% 불포화지방산 : 53%
	팜	200g	전체 오일량의 26.3%	
	살구씨	180g	전체 오일량의 23.7%	
	포도씨	80g	전체 오일량의 10.5%	
가성소다수용액	가성소다	120g	디스카운트 없음	
	레드와인(30%)	228g	얼린 레드와인 200g + 냉장 레드와인 28g	
에센셜오일	비누 총량의 2%	20ml	로즈제라늄 10ml + 팔마로사 6ml + 로즈우드4 ml	
첨가물	티타늄디옥사이드(액상)	소량		

도구

핫플레이트, 전자저울, 핸드블렌더, 온도계

플라스틱용기(PP 재질), 유리비커, 스테인리스비커, 실리콘몰드, 실리콘주걱

플라스틱스푼, 니트릴장갑, 종이컵

How to make

1 코코넛오일, 팜오일을 계량하여 60℃로 가열합니다.

2 1에 나머지 베이스오일을 모두 계량합니다.

3 뚜껑이 있는 플라스틱용기(PP 재질)에 얼려놓은 레드와인과 냉장 레드와인을 계량합니다.

4 가성소다를 계량합니다.

5 3에 가성소다를 넣습니다.

6 곧바로 뚜껑을 닫은 후 원을 그리듯 흔들어 가성소다를 완전히 녹입니다.

7 베이스오일과 가성소다수용액의 온도가 각각 40℃가 되면 베이스오일에 6을 넣습니다.

8 실리콘주걱으로 1분 정도 잠시 저어줍니다(이 과정에서 트레이스가 시작될 수도 있습니다).

9 핸드블렌더를 약하게 사용하여 교반을 합니다(트레이스가 이미 진행이 되었다면 이 과정은 생략합니다).

10 비누의 투명한 느낌을 없애기 위해 액
상 티타늄디옥사이드를 소량 첨가합
니다.

11 에센셜오일을 첨가한 후 골고루 섞이
도록 실리콘주걱으로 충분히 저어줍
니다.

12 비누액이 걸쭉한 정도의 점도가 되면
실리콘몰드에 비누액을 넣습니다.

13 실리콘몰드의 뚜껑을 닫고 보온을 합
니다.

14 완성된 비누는 원하는 사이즈로 커팅
하고 4주 이상의 건조기간이 지나면
pH테스트를 거친 후 사용합니다.

● making tip

레드와인은 알코올을 날린 후에 사용해야 합니다. 그렇지
않으면 가성소다수용액을 만들 때 끓어 넘칠 수 있습니다.
또한 트레이스에 영향을 미치기도 합니다.
레드와인을 보글보글 끓인 후 완전히 식혀 알코올을 날리
고 얼음 트레이에 얼려서 사용하면 편리합니다.

아토피, 상처, 염증에 도움을 주는
노니 비누

항염

노니 비누

비누 완성품 1,130g

분류	재료	용량	비고	
베이스오일 (760g)	코코넛(버진)	350g	전체 오일량의 46.1%	포화지방산 : 50.8% 불포화지방산 : 49.2%
	팜	150g	전체 오일량의 19.7%	
	녹차씨	80g	전체 오일량의 10.5%	
	미강	80g	전체 오일량의 10.5%	
	카놀라	100g	전체 오일량의 13.2%	
가성소다수용액	가성소다	121g	디스카운트 없음	
	노니 우린물(30%)	228g	얼린 노니 우린물 200g + 냉장 노니 우린물 28g	
에센셜오일	비누 총량의 2%	20ml	라벤더 10ml + 레몬 5ml + 티트리 5ml	
첨가물	노니 분말	10g	비누 총량의 1%	
	마이카	소량	골드	

<u>도구</u>

핫플레이트, 전자저울, 핸드블렌더, 온도계
플라스틱용기(PP 재질), 유리비커, 스테인리스비커, 실리콘몰드, 실리콘주걱
플라스틱스푼, 니트릴장갑, 마이카용 스프레이용기(차망으로 대체 가능)

How to make

1 코코넛오일, 팜오일을 계량하여 60℃로 가열합니다.

2 1에 나머지 베이스오일을 모두 계량합니다.

3 뚜껑이 있는 플라스틱용기(PP 재질)에 얼려놓은 노니 우린물과 냉장 노니 우린물을 계량합니다.

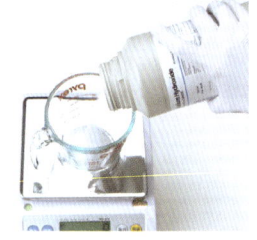

4 가성소다를 계량합니다.

5 3에 가성소다를 넣습니다.

6 곧바로 뚜껑을 닫은 후 원을 그리듯 흔들어 가성소다를 완전히 녹입니다.

7 베이스오일과 가성소다수용액의 온도를 각각 40℃ 정도로 맞춥니다.

8 노니 분말을 첨가합니다.

9 분말이 뭉치지 않도록 핸드블렌더를 사용하여 골고루 블렌딩합니다.

10 베이스오일에 6을 넣습니다.

11 실리콘주걱으로 2분 정도 골고루 저어줍니다.

12 핸드블렌더를 약하게 사용하여 교반을 합니다.

13 에센셜오일을 첨가하고 골고루 섞이도록 실리콘주걱으로 충분히 저어줍니다.

14 걸쭉한 점도가 되면 실리콘몰드에 비누액을 넣고 실리콘주걱을 사용해 비누액 윗면에 결을 표현합니다.

15 스프레이용기에 담긴 마이카를 비누액 윗면 전체에 골고루 분사합니다.

16 실리콘몰드의 뚜껑을 닫고 보온을 합니다.

17 완성된 비누는 원하는 사이즈로 커팅하고 4주 이상의 건조기간이 지나면 pH테스트를 거친 후 사용합니다.

● making tip

이 책에서 사용한 노니 열매 우린물은 노니 열매와 정제수를 끓여서 만든 후 일부는 얼리고 일부는 냉장보관해두고 비누 만들 때 정제수를 대체하여 사용하였습니다.

피부에 자극 없이 피지와 각질을 한 번에~

실크볼 비누

실크볼 비누

비누 완성품 1,150g

분류	재료	용량	비고	
베이스오일 (760g)	코코넛(버진)	380g	전체 오일량의 50%	포화지방산 : 53.3% 불포화지방산 : 46.7%
	팜	150g	전체 오일량의 19.7%	
	동백	90g	전체 오일량의 11.8%	
	아보카도	90g	전체 오일량의 11.8%	
	피마자	50g	전체 오일량의 6.6%	
가성소다수용액	가성소다	124g	디스카운트 없음	
	정제수(31%)	235g	얼음 100g + 정제수 135g	
에센셜오일	비누 총량의 2%	20ml	라벤더 8ml + 레몬 5ml + 페퍼민트 7ml	
첨가물	실크볼	15g		

도구

핫플레이트, 전자저울, 핸드블렌더, 온도계

플라스틱용기(PP 재질), 유리비커, 스테인리스비커, 실리콘몰드, 실리콘주걱

플라스틱스푼, 니트릴장갑

How to make

1 코코넛오일, 팜오일을 계량하여 60℃로 가열합니다.

2 1에 나머지 베이스오일을 모두 계량합니다.

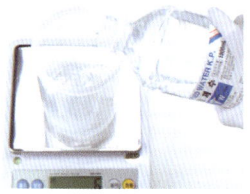

3 뚜껑이 있는 플라스틱용기(PP 재질)에 얼음과 정제수를 계량합니다.

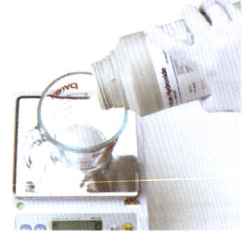

4 가성소다를 계량합니다.

5 3에 가성소다를 넣습니다.

6 곧바로 뚜껑을 닫은 후 원을 그리듯 흔들어 가성소다를 완전히 녹입니다.

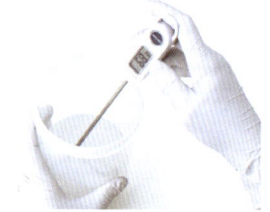

7 가성소다수용액의 온도를 70℃가 되도록 식힙니다.

8 7에 실크볼을 넣습니다. 이때, 실크볼을 잘게 자른 후 넣으면 좀 더 빨리 녹일 수 있습니다.

9 뚜껑을 닫은 후 흔들면서 실크볼을 완전히 녹입니다.

10 베이스오일과 가성소다수용액의 온도를 각각 40℃ 정도로 맞춥니다.

11 베이스오일에 9를 넣습니다(간혹 가성소다수용액에 실크볼에 붙어 있던 이물질이 남아 있을 수 있으므로 체에 걸러서 넣습니다).

12 실리콘주걱으로 2분 정도 골고루 저어줍니다.

13 핸드블렌더를 약하게 사용하여 교반을 합니다.

14 에센셜오일을 첨가합니다.

15 에센셜오일이 골고루 섞이도록 실리콘주걱으로 충분히 저어줍니다.

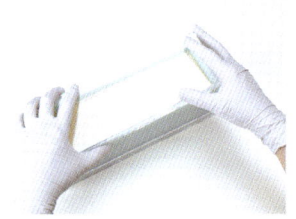

16 걸쭉한 점도가 되면 실리콘몰드에 비누액을 모두 넣고 실리콘몰드의 뚜껑을 닫고 보온을 합니다.

17 완성된 비누는 원하는 사이즈로 커팅하고 4주 이상의 건조기간이 지나면 pH테스트를 거친 후 사용합니다.

● making tip

가성소다수용액이 너무 뜨거울 때 실크볼을 넣으면 가성소다수용액에서 좋지 않은 냄새가 나게 됩니다. 가성소다수용액의 온도를 70℃ 정도로 낮춘 후 실크볼을 녹이면 비누 완성품에도 실크볼 특유의 냄새가 현저히 줄어듭니다.

피부를 맑고 건강하게
월계수 비누

트러블

월계수 비누

비누 완성품 1,120g

분류	재료	용량	비고	
베이스오일 (760g)	코코넛(버진)	360g	전체 오일량의 47.4%	포화지방산 : 51.8% 불포화지방산 : 48.2%
	동백	100g	전체 오일량의 13.2%	
	마카다미아넛	100g	전체 오일량의 13.2%	
	월계수	200g	전체 오일량의 26.3%	
가성소다수용액	가성소다	127g	디스카운트 없음	
	정제수(31%)	235g	얼음 190g + 정제수 45g	
첨가물	재스민 드라이 허브	소량	데코레이션용	

도구

핫플레이트, 전자저울, 핸드블렌더, 온도계

플라스틱용기(PP 재질), 유리비커, 스테인리스비커, 실리콘몰드, 실리콘주걱

플라스틱스푼, 니트릴장갑

How to make

1 코코넛오일을 계량하여 60℃로 가열합
니다.

2 1에 나머지 베이스오일을 모두 계량합
니다.

3 뚜껑이 있는 플라스틱용기(PP 재질)에
얼음과 정제수를 계량합니다.

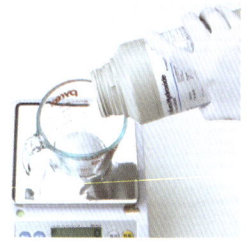

4 가성소다를 계량합니다.

5 3에 가성소다를 넣습니다.

6 곧바로 뚜껑을 닫은 후 회전하며 흔들
어 가성소다를 완전히 녹입니다.

7 베이스오일과 가성소다수용액의 온도
를 각각 40℃ 정도로 맞춥니다.

8 베이스오일에 가성소다수용액을 넣습
니다.

9 실리콘주걱으로 1분 정도 골고루 저어
줍니다.

10 핸드블렌더를 아주 짧은 시간 동안 약하게 사용하여 교반을 합니다(이미 트레이스 상태가 진행 중이면 생략합니다).

11 실리콘주걱으로 골고루 저어줍니다.

12 걸쭉한 점도가 되면 실리콘몰드에 비누액을 넣습니다.

13 비누 윗면에 웨이브를 표현합니다.

14 재스민 드라이 허브로 데코레이션합니다.

15 실리콘몰드의 뚜껑을 닫고 보온을 합니다.

16 완성된 비누는 원하는 사이즈로 커팅하고 4주 이상의 건조기간이 지나면 pH테스트를 거친 후 사용합니다.

● making tip

월계수 오일은 오일 자체에 강한 특이취가 있어 에센셜오일은 생략하였습니다. 월계수 오일은 트레이스 진행이 빠릅니다. 핸드블렌더 과정은 생략할 수 있으며 빠른 작업을 요하는 비누입니다.

세제 잔여물 NO, 피부에 YES
친환경 세탁 비누

친환경 세탁 비누

비누 완성품 1,230g

분류	재료	용량	비고	
베이스오일 (800g)	코코넛	300g	전체 오일량의 37.5%	포화지방산 : 52.4% 불포화지방산 : 47.6%
	팜	300g	전체 오일량의 37.5%	
	콩	200g	전체 오일량의 25%	
가성소다수용액	가성소다	126g	디스카운트 없음	
	정제수(31%)	248g	얼음 200g + 정제수 48g	
에센셜오일	비누 총량의 3%	30ml	레몬 30ml	
첨가물	베이킹소다(중조)	30g		

도구

핫플레이트, 전자저울, 핸드블렌더, 온도계

플라스틱용기(PP 재질), 유리비커, 스테인리스비커, 실리콘몰드, 실리콘주걱

플라스틱스푼, 니트릴장갑

How to make

1 코코넛오일, 팜오일을 계량하여 60℃로 가열합니다.

2 1에 나머지 베이스오일을 모두 계량합니다.

3 베이킹소다를 계량합니다.

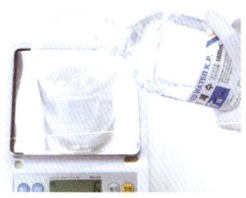

4 뚜껑이 있는 플라스틱용기(PP 재질)에 얼음과 정제수를 계량합니다.

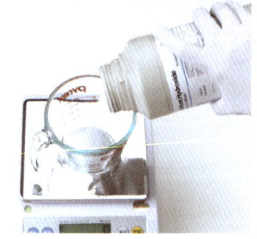

5 가성소다를 계량합니다.

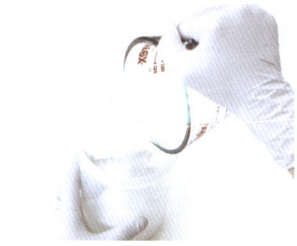

6 4에 가성소다를 넣습니다.

7 곧바로 뚜껑을 닫은 후 원을 그리듯 흔들어 가성소다를 완전히 녹입니다.

8 베이스오일과 가성소다수용액의 온도를 각각 40℃ 정도로 맞춥니다.

9 2의 베이스오일에 베이킹소다를 넣고 실리콘주걱으로 골고루 저어둡니다.

10 베이스오일에 가성소다수용액을 넣습니다.

11 실리콘주걱으로 2분 정도 골고루 저어줍니다.

12 핸드블렌더를 약하게 사용하여 교반을 합니다.

13 에센셜오일을 첨가합니다.

14 에센셜오일이 골고루 섞이도록 실리콘주걱으로 충분히 저어줍니다.

15 걸쭉한 점도가 되면 실리콘몰드에 비누액을 넣습니다.

16 실리콘몰드의 뚜껑을 닫고 보온을 합니다.

17 완성된 비누는 원하는 사이즈로 커팅하고 4주 이상의 건조기간이 지나면 pH테스트를 거친 후 사용합니다.

Part 2

DESIGN SOAP I
디자인 비누 I

~~~~~~~~~~~~~~~~~~~~~~~~~~~~~~~

"

피부에만 좋은 비누? NO!
이젠, 예쁜 천연비누에 도전해 보세요.
다양한 컬러로 표현하는 디자인비누는
욕실 인테리어 효과와
선물용으로도 그만이랍니다.

"

그라데이션 컬러 선택으로 자연스러움을 더한
레이어드 비누

그라데이션

레이어드 비누

비누 완성품 1,100g

분류	재료	용량	비고	
베이스오일 (760g)	코코넛(버진)	230g	전체 오일량의 30.3%	포화지방산 : 44.6% 불포화지방산 : 55.4%
	팜	230g	전체 오일량의 30.3%	
	동백	120g	전체 오일량의 15.8%	
	미강	60g	전체 오일량의 7.9%	
	포도씨	60g	전체 오일량의 7.9%	
	해바라기	60g	전체 오일량의 7.9%	
가성소다수용액	가성소다	115.7g	디스카운트 없음	
	정제수(29%)	220g	얼음 180g + 정제수 40g	
에센셜오일	32~33페이지 블렌딩 중 선택1	20ml	비누 총량의 2%	
첨가물	옥사이드(액상)	소량	하이드레잇그린	
	티타늄디옥사이드(액상)	소량		

도구

핫플레이트, 전자저울, 핸드블렌더, 온도계

플라스틱용기(PP 재질), 유리비커, 스테인리스비커, 플라스틱비커, 실리콘몰드, 실리콘주걱

플라스틱스푼, 니트릴장갑, 종이컵, 4칸용 칸막이

1 따로 분리되어 있는 칸막이를 강력접착 제로 고정합니다.

2 실리콘몰드와 함께 준비해둡니다.

How to make

1 코코넛오일, 팜오일을 계량하여 60℃로 가열합니다.

2 1에 나머지 베이스오일을 모두 계량합 니다.

3 뚜껑이 있는 플라스틱용기(PP 재질)에 얼음과 정제수를 계량합니다.

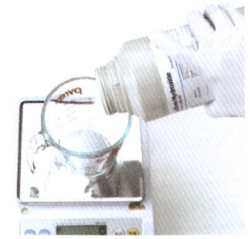

4 가성소다를 계량합니다.

5 3에 가성소다를 넣습니다.

6 곧바로 뚜껑을 닫은 후 원을 그리듯 흔 들어 가성소다를 완전히 녹입니다.

7 베이스오일과 가성소다수용액의 온도 를 각각 40℃ 정도로 맞춥니다.

8 베이스오일에 가성소다수용액을 넣습 니다.

9 실리콘주걱으로 2분 정도 골고루 저어 줍니다.

10 핸드블렌더를 약하게 사용하여 교반 을 합니다.

11 에센셜오일을 첨가합니다.

12 에센셜오일이 골고루 섞이도록 실리 콘주걱으로 충분히 저어줍니다.

13 비누액이 수프와 비슷한 점도가 되면 종이컵에 비누액을 275g씩 같은 용량 으로 4개를 덜어둡니다.

14 액상 옥사이드와 액상 티타늄디옥사 이드를 첨가하여 컬러가 순차적으로 진해지도록 만듭니다.

15 몰드에 4칸용 칸막이를 끼워 고정합 니다.

16 왼손으로 칸막이를 살며시 누른 상태에서 가장 연한 컬러의 비누액을 첫 줄에 모두 넣습니다.

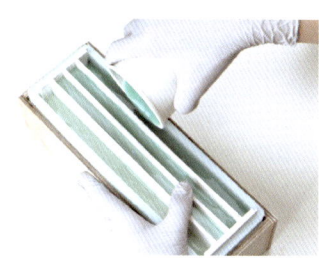

17 컬러가 진한 순서로 각 칸에 비누액을 차례대로 넣습니다.

18 종이컵의 비누액이 남아 있지 않도록 합니다(가운데 두 줄의 높이가 다르지만 칸막이를 제거하면 높이가 같아집니다).

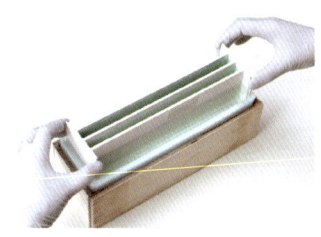

19 칸막이의 양쪽을 잡고 실리콘몰드에서 조심히 꺼냅니다.

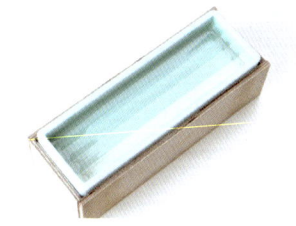

20 중간에 멈칫하지 말고 끝까지 같은 힘으로 빼내야 선이 일정합니다.

21 실리콘몰드의 뚜껑을 닫고 보온을 합니다.

22 완성된 비누는 원하는 사이즈로 커팅하고 4주 이상의 건조기간이 지나면 pH테스트를 거친 후 사용합니다.

● making tip

칸막이는 접착제로 고정을 한 후 몰드에 끼워넣고 사용해야 비누의 컬러 경계선이 곧게 완성됩니다.
칸막이를 한 개씩 각각 빼내면 비누액이 밀리고 흔들려 비누의 라인이 비뚤어지게 됩니다.
칸막이를 이동할 수 없다는 단점이 있지만 좀 더 완성도 높은 비누를 만드는 데 필요합니다.

감각적인 디자인으로 욕실 인테리어로도 good!

블리츠 비누

블리츠 비누

비누 완성품 1,100g

분류	재료	용량	비고	
베이스오일 (780g)	코코넛(버진)	240g	전체 오일량의 30.8%	포화지방산 : 45.2% 불포화지방산 : 54.8%
	팜	240g	전체 오일량의 30.8%	
	동백	120g	전체 오일량의 15.4%	
	미강	60g	전체 오일량의 7.7%	
	포도씨	60g	전체 오일량의 7.7%	
	해바라기	60g	전체 오일량의 7.7%	
가성소다수용액	가성소다	119g	디스카운트 없음	
	정제수(29%)	226g	얼음 180g + 정제수 46g	
에센셜오일	32~33페이지 블렌딩 중 선택1	20ml	비누 총량의 2%	
첨가물	옥사이드(액상)	소량	레드, 옐로레이크	
	티타늄디옥사이드(액상)	소량		

도구

핫플레이트, 전자저울, 핸드블렌더, 온도계
플라스틱용기(PP 재질), 유리비커, 스테인리스비커, 플라스틱비커, 실리콘몰드, 실리콘주걱
플라스틱스푼, 니트릴장갑, 종이컵, 베이킹용 모양 스크래퍼

How to make

1 코코넛오일, 팜오일을 계량하여 60℃로 가열합니다.

2 1에 나머지 베이스오일을 모두 계량합니다.

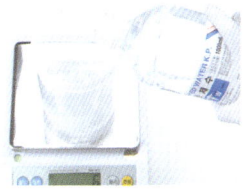

3 뚜껑이 있는 플라스틱용기(PP 재질)에 얼음과 정제수를 계량합니다.

4 가성소다를 계량합니다.

5 3에 가성소다를 넣습니다.

6 곧바로 뚜껑을 닫은 후 원을 그리듯 흔들어 가성소다를 완전히 녹입니다.

7 베이스오일과 가성소다수용액의 온도를 각각 40℃ 정도로 맞춥니다.

8 베이스오일에 가성소다수용액을 넣습니다.

9 실리콘주걱으로 2분 정도 골고루 저어줍니다.

10 핸드블렌더를 약하게 사용하여 교반을 합니다.

11 에센셜오일을 첨가합니다.

12 에센셜오일이 골고루 섞이도록 실리콘주걱으로 충분히 저어줍니다.

  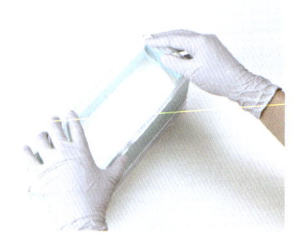

13 비누액이 수프와 비슷한 점도가 되면 스테인리스비커에 비누액 800g을 덜어둡니다.

14 13의 비누액에 액상 티타늄디옥사이드를 첨가하여 화이트컬러를 만든 후 실리콘몰드에 모두 넣습니다.

15 실리콘몰드의 뚜껑을 닫고 비누액이 출렁거리지 않을 때까지 보온을 합니다.

 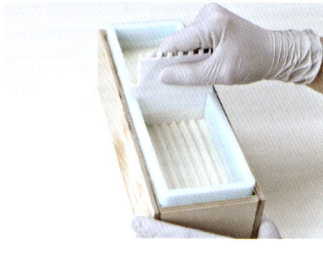 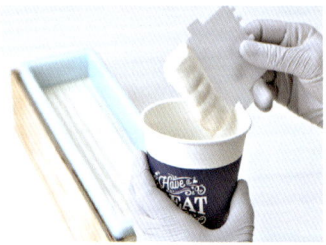

16 남은 비누액은 액상 옥사이드 레드와 옐로레이크를 첨가하여 다크오렌지컬러로 만들어 골고루 저어둡니다.

17 보온고에 있던 15번의 비누액을 꺼내 모양 스크래퍼를 이용하여 비누 윗면을 실리콘몰드의 긴쪽 방향으로 긁어 갑니다.

18 스크래퍼에 남아 있는 비누액은 종이컵에 담아둡니다.

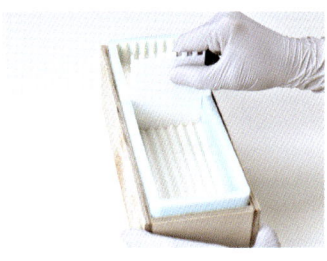

19 비누 윗면을 다시 한번 긁어서 정리합
니다.

20 실리콘주걱을 대고 16의 비누액을 모
두 넣습니다.

21 실리콘몰드의 뚜껑을 닫고 보온을 합
니다.

22 완성된 비누는 원하는 사이즈로 커팅
하고 4주 이상의 건조기간이 지나면
pH테스트를 거친 후 사용합니다.

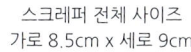

스크레퍼 전체 사이즈
가로 8.5cm x 세로 9cm

● making tip ··
스크래퍼로 긁은 후 남은 비누액이 트레이스가 많
이 진행된 상태가 아니라면 컬러 부분의 비누액과
골고루 섞은 후 실리콘몰드에 넣어도 괜찮습니다.
만약 트레이스가 많이 진행되었다면 종이컵에 들어
있는 그대로 보온을 하여 자투리비누를 만들 때 사
용합니다.

자연스럽게 표현되는 마블과 여백의 조화

소프트 마블 비누

소프트 마블 비누

비누 완성품 1,100g

분류	재료	용량	비고	
베이스오일 (760g)	코코넛(버진)	230g	전체 오일량의 30.3%	포화지방산 : 44.6% 불포화지방산 : 55.4%
	팜	230g	전체 오일량의 30.3%	
	동백	120g	전체 오일량의 15.8%	
	미강	60g	전체 오일량의 7.9%	
	포도씨	60g	전체 오일량의 7.9%	
	해바라기	60g	전체 오일량의 7.9%	
가성소다수용액	가성소다	115.7g	디스카운트 없음	
	정제수(29%)	220g	얼음 180g + 정제수 40g	
에센셜오일	32~33페이지 블렌딩 중 선택1	20ml	비누 총량의 2%	
첨가물	티타늄디옥사이드(액상)	소량		
	마이카	소량	블루	

도구

핫플레이트, 전자저울, 핸드블렌더, 온도계
플라스틱용기(PP 재질), 유리비커, 스테인리스비커, 플라스틱비커, 실리콘몰드, 실리콘주걱
플라스틱스푼, 니트릴장갑, 종이컵, 케이크 돌림판

1 케이크 돌림판 위에 실리콘몰드를 올려
두고 준비합니다.

How to make

1 코코넛오일, 팜오일을 계량하여 60℃로
가열합니다.

2 1에 나머지 베이스오일을 모두 계량합
니다.

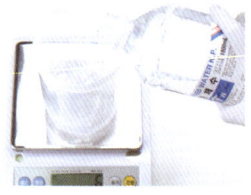

3 뚜껑이 있는 플라스틱용기(PP 재질)에
얼음과 정제수를 계량합니다.

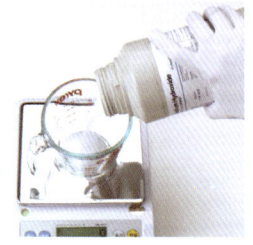

4 가성소다를 계량합니다.

5 3에 가성소다를 넣습니다.

6 곧바로 뚜껑을 닫은 후 원을 그리듯 흔
들어 가성소다를 완전히 녹입니다.

7 베이스오일과 가성소다수용액의 온도
　를 각각 40℃ 정도로 맞춥니다.

8 베이스오일에 가성소다수용액을 넣습
　니다.

9 실리콘주걱으로 2분 정도 골고루 저어
　줍니다.

10 핸드블렌더를 약하게 사용하여 교반
　 을 합니다.

11 에센셜오일을 첨가합니다.

12 에센셜오일이 골고루 섞이도록 실리
　 콘주걱으로 충분히 저어줍니다.

13 비누액이 수프보다 조금 약한 점도가
　 되면 종이컵에 비누액 15g을 계량합
　 니다.

14 액상 티타늄디옥사이드를 첨가하여 스
　 테인리스비커의 비누액은 화이트컬러
　 를 만들고 종이컵에 있는 비누액은 블
　 루컬러를 만들어 골고루 섞어둡니다.

15 걸쭉한 점도가 되면 실리콘몰드에 스
　 테인리스비커의 비누액을 모두 넣습
　 니다.

16 종이컵에 있는 비누액을 약간 높은 곳에서 불규칙적인 형태의 지그재그 모양으로 넣습니다.

17 16번 과정을 반복하면서 비누액을 모두 실리콘몰드에 넣습니다.

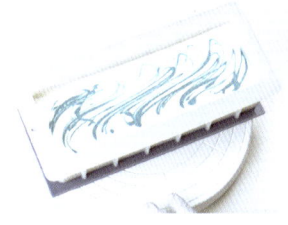

18 돌림판을 시계 방향으로 힘 있게 돌립니다.

19 다시 시계 반대 방향으로 힘 있게 돌립니다.

20 3~4회 반복하여 무늬가 자연스럽게 틀어지도록 합니다.

21 실리콘몰드의 뚜껑을 닫고 보온을 합니다.

22 완성된 비누는 원하는 사이즈로 커팅하고 4주 이상의 건조기간이 지나면 pH테스트를 거친 후 사용합니다.

● making tip ·····························

케이크 돌림판이 없을 경우 실리콘몰드와 테이블이 붙지 않는 소재의 받침 위에 실리콘몰드를 올려두고 위와 같은 방법으로 회전을 반복합니다. 회전 시 비누액이 밖으로 넘치지 않도록 주의합니다.

신비롭고 강렬한 느낌의 마블
웨이브 비누

"Schreibgeräte im Museum: Das mag manchen
überraschen", sagt Naoto Fukasawa. Der Designer
des 2008 lancierten LAMY noto ist Mitbegründer
und einer von drei Direktoren des 21_21 Design
Sight. "Wenn wir in eine Ausstellung gehen,
erwarten wir, etwas vorzufinden, das außerhalb
unseres alltäglichen Horizonts liegt. Und obwohl
räte aber sind uns nah, wir halten täglich
von uns halten täglich
Doch obwohl sie uns als
gerade deshalb – lohn
täglichen Objekte au
betrachten."

to contemp
from a new persp
The 21_21 Design Sight
Museum is just such a
ce, one which re ntly
sted the "thi
als" exhi

마블

웨이브 비누

비누 완성품 990g

분류	재료	용량	비고	
베이스오일 (680g)	코코넛(버진)	210g	전체 오일량의 30.9%	포화지방산 : 45.2% 불포화지방산 : 54.8%
	팜	210g	전체 오일량의 30.9%	
	동백	110g	전체 오일량의 16.2%	
	미강	50g	전체 오일량의 7.4%	
	포도씨	50g	전체 오일량의 7.4%	
	해바라기	50g	전체 오일량의 7.4%	
가성소다수용액	가성소다	103.9g	디스카운트 없음	
	정제수(29%)	197g	얼음 157g + 정제수 40g	
에센셜오일	32~33페이지 블렌딩 중 선택1	20ml	비누 총량의 2%	
첨가물	숯 분말	소량		
	옥사이드(액상)	소량	레드, 옐로레이크	
	티타늄디옥사이드(액상)	소량		

도구

핫플레이트, 전자저울, 핸드블렌더, 온도계

플라스틱용기(PP 재질), 유리비커, 스테인리스비커, 플라스틱비커, 플라스틱뾰족비커, 실리콘몰드,

실리콘주걱, 플라스틱스푼, 니트릴장갑

How to make

1 코코넛오일, 팜오일을 계량하여 60℃로 가열합니다.

2 1에 나머지 베이스오일을 모두 계량합니다.

3 뚜껑이 있는 플라스틱용기(PP 재질)에 얼음과 정제수를 계량합니다.

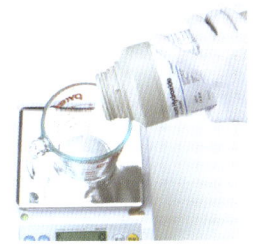

4 가성소다를 계량합니다.

5 3에 가성소다를 넣습니다.

6 곧바로 뚜껑을 닫은 후 원을 그리듯 흔들어 가성소다를 완전히 녹입니다.

7 베이스오일과 가성소다수용액의 온도를 각각 40℃ 정도로 맞춥니다.

8 베이스오일에 가성소다수용액을 넣습니다.

9 실리콘주걱으로 2분 정도 골고루 저어줍니다.

10 핸드블렌더를 약하게 사용하여 교반을 합니다.

11 에센셜오일을 첨가합니다.

12 에센셜오일이 골고루 섞이도록 실리콘주걱으로 충분히 저어줍니다.

13 비누액이 수프와 비슷한 점도가 되면 플라스틱비커에 비누액을 330g씩 3개를 덜어둡니다.

14 액상 옥사이드와 액상 티타늄디옥사이드, 숯 분말을 첨가하여 오렌지, 화이트, 블랙 컬러를 만듭니다.

15 플라스틱뾰족비커에 블랙컬러를 담고 화이트컬러를 담습니다. 이때 비누액이 벽을 타고 흐르도록 합니다.

16 오렌지컬러의 비누액도 같은 방법으로 넣습니다.

17 다시 블랙컬러의 비누액을 넣으며 15~16번 과정을 반복합니다.

18 블랙-화이트-오렌지 순서가 1세트이며 총 2~3세트를 넣습니다.

19 플라스틱뾰족비커를 흔들지 않고 그 대로 한 방향으로 움직이며 비누액을 몰드에 넣습니다.

20 플라스틱뾰족비커 안에 있는 비누액 을 몰드에 모두 넣습니다.

21 플라스틱뾰족비커에 다시 컬러를 번 갈아가며 넣는 15~18번 과정을 반복 합니다.

22 플라스틱뾰족비커를 흔들지 않고 그 대로 한 방향으로 움직이며 비누액을 몰드에 넣습니다.

23 15~20번 과정을 반복하며 남은 비 누액을 모두 실리콘몰드에 넣습니다.

24 실리콘몰드의 뚜껑을 닫고 보온을 합 니다.

25 완성된 비누는 원하는 사이즈로 커팅 하고 4주 이상의 건조기간이 지나면 pH테스트를 거친 후 사용합니다.

트리밍 후 남은 비누조각들의 재탄생

자투리 큐브 비누

Nature
LOVE

큐브

자투리 큐브 비누

비누 완성품 1,100g

분류	재료	용량	비고	
베이스오일 (760g)	코코넛(버진)	230g	전체 오일량의 30.3%	
	팜	230g	전체 오일량의 30.3%	
	동백	120g	전체 오일량의 15.8%	포화지방산 : 44.6% 불포화지방산 : 55.4%
	미강	60g	전체 오일량의 7.9%	
	포도씨	60g	전체 오일량의 7.9%	
	해바라기	60g	전체 오일량의 7.9%	
가성소다수용액	가성소다	115.7g	디스카운트 없음	
	정제수(29%)	220g	얼음 180g + 정제수 40g	
에센셜오일	32~33페이지 블렌딩 중 선택1	20ml	비누 총량의 2%	
첨가물	옥사이드(액상)	소량	마린블루	
	티타늄디옥사이드(액상)	소량		
	자투리비누	50g		

도구

핫플레이트, 전자저울, 핸드블렌더, 온도계

플라스틱용기(PP 재질), 유리비커, 스테인리스비커, 플라스틱비커, 실리콘몰드, 실리콘주걱

플라스틱스푼, 니트릴장갑, 미니믹서기

준비과정

1 3주 이상 완전히 건조가 된 자투리비누를 잘게 잘라 준비합니다.

2 미니믹서기로 분쇄하여 준비합니다.

How to make

1 코코넛오일, 팜오일을 계량하여 60℃로 가열합니다.

2 1에 나머지 베이스오일을 모두 계량합니다.

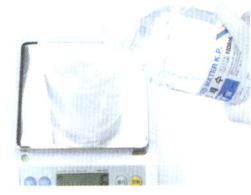

3 뚜껑이 있는 플라스틱용기(PP 재질)에 얼음과 정제수를 계량합니다.

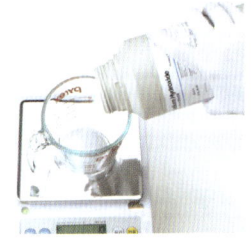

4 가성소다를 계량합니다.

5 3에 가성소다를 넣습니다.

6 곧바로 뚜껑을 닫은 후 원을 그리듯 흔들어 가성소다를 완전히 녹입니다.

7 베이스오일과 가성소다수용액의 온도를 각각 40℃ 정도로 맞춥니다.

8 베이스오일에 가성소다수용액을 넣습니다.

9 실리콘주걱으로 2분 정도 골고루 저어줍니다.

10 핸드블렌더를 약하게 사용하여 교반을 합니다.

11 에센셜오일을 첨가합니다.

12 에센셜오일이 골고루 섞이도록 실리콘주걱으로 충분히 저어줍니다.

13 비누액이 스프와 비슷한 점도가 되면 비누액을 350g 덜어둡니다.

14 준비과정에서 분쇄해 둔 자투리비누를 13에 넣습니다.

15 비누의 투명한 느낌도 없애고 자투리비누를 좀 더 선명하게 보이게 하기 위해 액상 티타늄옥사이드를 첨가하고 골고루 저어둡니다.

16 걸쭉한 점도가 되면 실리콘몰드에 비누액을 모두 넣습니다.

17 실리콘몰드의 뚜껑을 닫고 비누액이 출렁거리지 않을 때까지 보온을 합니다.

18 남은 비누액을 연한 블루컬러로 만들기 위해 액상 옥사이드와 액상 티타늄 디옥사이드를 첨가합니다.

19 실리콘주걱으로 골고루 저어둡니다.

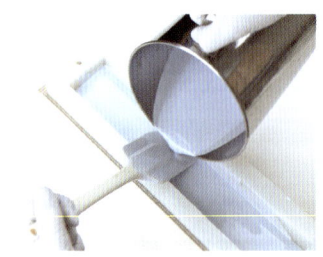

20 보온고에 넣어둔 실리콘몰드의 비누액이 출렁거리지 않으면 꺼내어 실리콘주걱을 대고 19의 비누액을 모두 넣습니다.

21 실리콘몰드의 뚜껑을 닫고 보온을 합니다.

22 완성된 비누는 원하는 사이즈로 커팅하고 4주 이상의 건조기간이 지나면 pH테스트를 거친 후 사용합니다.

● making tip ································

비누를 커팅하고 남은 자투리 부분은 3주 이상 완전히 건조를 합니다.
컬러별로 미니믹서기에 갈아서 밀폐용기에 보관해 두었다가 비누를 만들 때 비누액과 같이 섞어 비누를 만들면 다양한 느낌의 비누를 만들 수 있습니다.
건조가 덜 된 비누를 미니믹서기에 갈 경우 잘게 분쇄가 되지 않고 한 덩어리로 뭉쳐지게 됩니다.
미니믹서기는 주방용과 구분해서 사용하도록 합니다.

Preservative Free
Chemical Adding Free
Only Natural Ingredient

더블

임베딩 비누

비누 완성품 1,100g

분류	재료	용량	비고	
베이스오일 (760g)	코코넛(버진)	230g	전체 오일량의 30.3%	포화지방산 : 44.6% 불포화지방산 : 55.4%
	팜	230g	전체 오일량의 30.3%	
	동백	120g	전체 오일량의 15.8%	
	미강	60g	전체 오일량의 7.9%	
	포도씨	60g	전체 오일량의 7.9%	
	해바라기	60g	전체 오일량의 7.9%	
가성소다수용액	가성소다	115.7g	디스카운트 없음	
	정제수(29%)	220g	얼음 180g + 정제수 40g	
에센셜오일	32~33페이지 블렌딩 중 선택1	20ml	비누 총량의 2%	
첨가물	옥사이드(액상)	소량	그린크롬, 옐로레이크	
	티타늄디옥사이드(액상)	소량		
	자투리비누	소량		

도구

핫플레이트, 전자저울, 핸드블렌더, 온도계
플라스틱용기(PP 재질), 유리비커, 스테인리스비커, 플라스틱비커, 실리콘몰드, 실리콘주걱
플라스틱스푼, 니트릴장갑, 도마, 과도, 나무젓가락

준비과정

1 자투리비누를 썰어서 준비합니다.

How to make

1 코코넛오일, 팜오일을 계량하여 60℃로 가열합니다.

2 1에 나머지 베이스오일을 모두 계량합니다.

3 뚜껑이 있는 플라스틱용기(PP 재질)에 얼음과 정제수를 계량합니다.

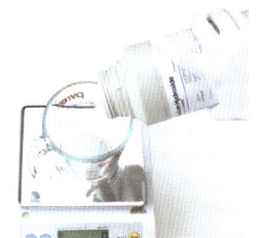

4 가성소다를 계량합니다.

5 3에 가성소다를 넣습니다.

6 곧바로 뚜껑을 닫은 후 원을 그리듯 흔들어 가성소다를 완전히 녹입니다.

7 베이스오일과 가성소다수용액의 온도를 각각 40℃ 정도로 맞춥니다.

8 베이스오일에 가성소다수용액을 넣습니다.

9 실리콘주걱으로 2분 정도 골고루 저어줍니다.

10 핸드블렌더를 약하게 사용하여 교반을 합니다.

11 에센셜오일을 첨가합니다.

12 에센셜오일이 골고루 섞이도록 실리콘주걱으로 충분히 저어줍니다.

13 비누액이 수프와 비슷한 점도가 되면 플라스틱비커에 550g을 덜어둡니다.

14 옐로레이크, 그린크롬의 액상 옥사이드와 액상 티타늄디옥사이드를 소량 첨가하여 그린 컬러를 만듭니다.

15 실리콘몰드를 비스듬히 고정시킵니다.

16 실리콘몰드가 기울어져 있는 상태에서 14의 비누액을 전부 넣습니다.

17 실리콘몰드의 뚜껑을 닫고 비누액이 출렁거리지 않을 때까지 기울어져 있는 상태로 보온을 합니다.

18 남은 비누액에 액상 티타늄디옥사이드를 첨가하여 화이트컬러를 만듭니다.

19 액상 티타늄디옥사이드가 잘 섞이도록 골고루 저어둡니다.

20 17의 비누액이 흐르지 않는 상태가 되었으면 보온고에서 꺼내어 19의 비누액을 전부 넣습니다.

21 준비과정에서 마련해 둔 자투리비누를 가로 방향으로 비누액에 넣습니다.

22 실리콘몰드의 뚜껑을 닫고 보온을 합니다.

23 완성된 비누는 원하는 사이즈로 커팅하고 4주 이상의 건조기간이 지나면 pH테스트를 거친 후 사용합니다.

상큼한 레몬티가 생각나는
레 몬 티 비 누

데코

레몬티 비누

비누 완성품 1,100g

분류	재료	용량	비고	
베이스오일 (760g)	코코넛(버진)	230g	전체 오일량의 30.3%	포화지방산 : 44.6% 불포화지방산 : 55.4%
	팜	230g	전체 오일량의 30.3%	
	동백	120g	전체 오일량의 15.8%	
	미강	60g	전체 오일량의 7.9%	
	푸두씨	60g	전체 오일량외 7.9%	
	해바라기	60g	전체 오일량의 7.9%	
가성소다수용액	가성소다	115.7g	디스카운트 없음	
	정제수(29%)	220g	얼음 180g + 정제수 40g	
에센셜오일	32~33페이지 블렌딩 중 선택1	20ml	비누 총량의 2%	
첨가물	진피 분말	소량		
	옥사이드(액상)	소량	옐로레이크	
	티타늄디옥사이드(액상)	소량		
	마이카	소량	브라운	
	드라이 레몬	5개	데코레이션용	

도구

핫플레이트, 전자저울, 핸드블렌더, 온도계

플라스틱용기(PP 재질), 유리비커, 스테인리스비커, 플라스틱비커, 실리콘몰드, 실리콘주걱

플라스틱스푼, 니트릴장갑, 차망, 가위

1 드라이 레몬을 가위로 1/2로 잘라서 준비합니다.

How to make

1 코코넛오일, 팜오일을 계량하여 60℃로 가열합니다.

2 1에 나머지 베이스오일을 모두 계량합니다.

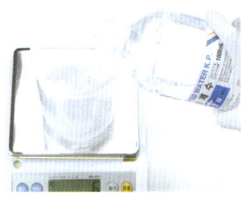

3 뚜껑이 있는 플라스틱용기(PP 재질)에 얼음과 정제수를 계량합니다.

4 가성소다를 계량합니다.

5 3에 가성소다를 넣습니다.

6 곧바로 뚜껑을 닫은 후 원을 그리듯 흔들어 가성소다를 완전히 녹입니다.

7 베이스오일과 가성소다수용액의 온도를 각각 40℃ 정도로 맞춥니다.

8 베이스오일에 가성소다수용액을 넣습니다.

9 실리콘주걱으로 2분 정도 골고루 저어
줍니다.

10 핸드블렌더를 약하게 사용하여 교반
을 합니다.

11 에센셜오일을 첨가합니다.

12 에센셜오일이 골고루 섞이도록 실리
콘주걱으로 충분히 저어줍니다.

13 비누액이 수프와 비슷한 점도가 되면
비누액 550g을 덜어둡니다.

14 13의 비누액에 액상 티타늄디옥사이
드를 첨가하여 흰색의 비누액을 만듭
니다.

15 다른 비커의 비누액에는 진피 분말을
첨가합니다.

16 비누액에 넣은 분말이 뭉치지 않도록
핸드블렌더를 사용하여 골고루 블렌딩
합니다.

17 비누의 투명한 느낌을 없애기 위해 16
에 액상 티타늄디옥사이드를 소량 첨
가합니다.

18 옐로컬러를 좀 더 선명하게 하기 위해 옐로레이크 옥사이드를 소량 첨가하고 골고루 섞어둡니다.

19 걸쭉한 점도가 되면 실리콘몰드에 옐로컬러의 비누액을 모두 넣습니다.

20 실리콘몰드의 뚜껑을 닫고 비누액이 출렁거리지 않을 때까지 보온을 합니다.

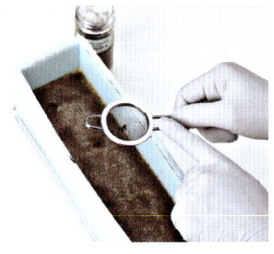

21 비누액 윗면이 출렁거리지 않으면 보온고에서 꺼낸 후 차망을 이용하여 윗면 전체에 브라운 마이카를 골고루 뿌립니다.

22 실리콘몰드에 흰색의 비누액을 플라스틱스푼으로 떠 넣습니다.

23 비누액의 1/2 정도를 실리콘몰드에 넣었다면 나머지는 실리콘주걱을 대고 조심히 부은 후 뚜껑을 닫고 보온을 합니다.

24 비누액 윗면이 출렁거리지 않으면 보온고에서 꺼내어 드라이 레몬을 꽂아 데코레이션합니다.

25 완성된 비누는 원하는 사이즈로 커팅하고 4주 이상의 건조기간이 지나면 pH테스트를 거친 후 사용합니다.

화려한 컬러 조화가 돋보이는
드로잉 마블 비누 I

마블

드로잉 마블 비누 I

비누 완성품 550g

분류	재료	용량	비고	
베이스오일 (380g)	코코넛(버진)	115g	전체 오일량의 30.3%	포화지방산 : 44.6% 불포화지방산 : 55.4%
	팜	115g	전체 오일량의 30.3%	
	동백	60g	전체 오일량의 15.8%	
	미강	30g	전체 오일량의 7.9%	
	포도씨	30g	전체 오일량의 7.9%	
	해바라기	30g	전체 오일량의 7.9%	
가성소다수용액	가성소다	57.9g	디스카운트 없음	
	정제수(29%)	110g	얼음 90g + 정제수 20g	
에센셜오일	32~33페이지 블렌딩 중 선택1	10ml	비누 총량의 2%	
첨가물	숯 분말	소량		
	옥사이드(액상)	소량	옐로레이크	
	티타늄디옥사이드(액상)	소량		

도구

핫플레이트, 전자저울, 핸드블렌더, 온도계

플라스틱용기(PP 재질), 유리비커, 스테인리스비커, 플라스틱 비커, 실리콘몰드, 실리콘주걱

플라스틱스푼, 니트릴장갑, 산적꽂이

How to make

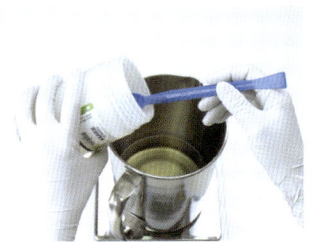

1 코코넛오일, 팜오일을 계량하여 60℃로 가열합니다.

2 1에 나머지 베이스오일을 모두 계량합니다.

3 뚜껑이 있는 플라스틱용기(PP 재질)에 얼음과 정제수를 계량합니다.

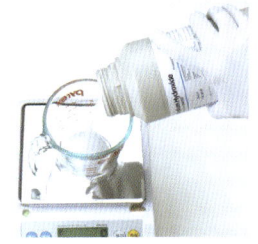

4 가성소다를 계량합니다.

5 3에 가성소다를 넣습니다.

6 곧바로 뚜껑을 닫은 후 원을 그리듯 흔들어 가성소다를 완전히 녹입니다.

7 베이스오일과 가성소다수용액의 온도를 각각 40℃ 정도로 맞춥니다.

8 베이스오일에 가성소다수용액을 넣습니다.

9 실리콘주걱으로 2분 정도 골고루 저어 줍니다.

10 핸드블렌더를 약하게 사용하여 교반을 합니다.

11 에센셜오일을 첨가합니다.

12 에센셜오일이 골고루 섞이도록 실리콘주걱으로 충분히 저어줍니다.

13 비누액이 수프와 비슷한 점도가 되면 종이컵에 비누액을 183g씩 3개 덜어둡니다.

14 액상 옥사이드와 액상 티타늄디옥사이드를 첨가하여 블랙, 화이트, 옐로컬러를 만듭니다.

15 옐로우와 화이트컬러의 비누액을 실리콘몰드의 짧은쪽 방향으로 차례로 넣습니다.

16 블랙컬러의 비누액도 실리콘몰드의 짧은쪽 방향으로 넣습니다.

17 남은 비누액 모두 15~16번 과정을 반복하여 실리콘몰드에 넣습니다.

18 산적꽂이를 이용하여 몰드의 긴 방향으로 ㄹ자를 그리며 왕복합니다.

19 몰드의 모서리 끝에서 마무리합니다.

20 실리콘몰드의 뚜껑을 닫고 보온을 합니다.

21 완성된 비누는 원하는 사이즈로 커팅하고 4주 이상의 건조기간이 지나면 pH테스트를 거친 후 사용합니다.

물감으로 그림을 그린 듯한
드로잉 마블 비누 II

마블

드로잉 마블 비누 II

비누 완성품 550g

분류	재료	용량	비고	
베이스오일 (380g)	코코넛(버진)	115g	전체 오일량의 30.3%	포화지방산 : 44.6% 불포화지방산 : 55.4%
	팜	115g	전체 오일량의 30.3%	
	동백	60g	전체 오일량의 15.8%	
	미강	30g	전체 오일량의 7.9%	
	포도씨	30g	선체 오일랑의 7.9%	
	해바라기	30g	전체 오일량의 7.9%	
가성소다수용액	가성소다	57.9g	디스카운트 없음	
	정제수(29%)	110g	얼음 90g + 정제수 20g	
에센셜오일	32~33페이지 블렌딩 중 선택1	10ml	비누 총량의 2%	
첨가물	숯 분말	소량		
	옥사이드(액상)	소량	마린블루, 인디언핑크	
	티타늄디옥사이드(액상)	소량		

도구

핫플레이트, 전자저울, 핸드블렌더, 온도계
플라스틱용기(PP 재질), 유리비커, 스테인리스비커, 플라스틱 비커, 실리콘몰드, 실리콘주걱
플라스틱스푼, 니트릴장갑, 산적꽂이

How to make

1 코코넛오일, 팜오일을 계량하여 60℃로 가열합니다.

2 1에 나머지 베이스오일을 모두 계량합니다.

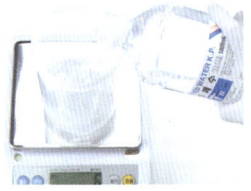

3 뚜껑이 있는 플라스틱용기(PP 재질)에 얼음과 정제수를 계량합니다.

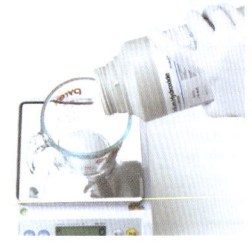

4 가성소다를 계량합니다.

5 3에 가성소다를 넣습니다.

6 곧바로 뚜껑을 닫은 후 원을 그리듯 흔들어 가성소다를 완전히 녹입니다.

7 베이스오일과 가성소다수용액의 온도를 각각 40℃ 정도로 맞춥니다.

8 베이스오일에 가성소다수용액을 넣습니다.

9 실리콘주걱으로 2분 정도 골고루 저어줍니다.

10 핸드블렌더를 약하게 사용하여 교반을 합니다.

11 에센셜오일을 첨가합니다.

12 에센셜오일이 골고루 섞이도록 실리콘주걱으로 충분히 저어줍니다.

13 비누액이 수프와 비슷한 점도가 되면 종이컵에 비누액을 135g씩 4개 덜어 둡니다.

14 액상 옥사이드와 액상 티타늄디옥사이드를 첨가하여 블루, 블랙, 화이트, 바이올렛 컬러를 만듭니다.

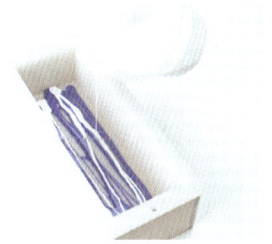

15 블루와 화이트컬러의 비누액을 실리콘몰드의 긴쪽 방향으로 차례로 넣습니다.

16 바이올렛과 블랙컬러의 비누액도 실리콘몰드의 긴쪽 방향으로 넣습니다.

17 남은 비누액 모두 15~16번 과정을 반복하여 실리콘몰드에 넣습니다.

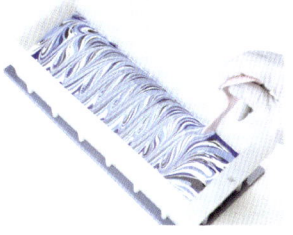

18 플라스틱스푼 뒤쪽을 이용하여 몰드의 짧은 쪽 방향으로 숫자 3을 이어서 그립니다.

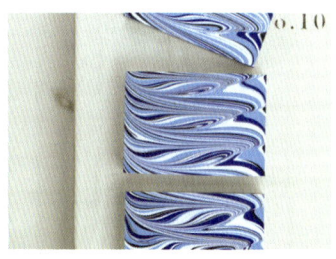

19 실리콘몰드의 뚜껑을 닫고 보온을 합니다.

20 완성된 비누는 원하는 사이즈로 커팅하고 4주 이상의 건조기간이 지나면 pH테스트를 거친 후 사용합니다.

A 1697

심플한 곡선이 감각적인
커브라인 비누

Nature
LOVE

라인

커브라인 비누

비누 완성품 1,100g

분류	재료	용량	비고	
베이스오일 (760g)	코코넛(버진)	230g	전체 오일량의 30.3%	포화지방산 : 44.6% 불포화지방산 : 55.4%
	팜	230g	전체 오일량의 30.3%	
	동백	120g	전체 오일량의 15.8%	
	미강	60g	전체 오일량의 7.9%	
	포도씨	60g	전체 오일량의 7.9%	
	해바라기	60g	전체 오일량의 7.9%	
가성소다수용액	가성소다	115.7g	디스카운트 없음	
	정제수(29%)	220g	얼음 180g + 정제수 40g	
에센셜오일	32~33페이지 블렌딩 중 선택1	20ml	비누 총량의 2%	
첨가물	티타늄디옥사이드(액상)	소량		
	마이카	소량	바이올렛	

도구

핫플레이트, 전자저울, 핸드블렌더, 온도계
플라스틱용기(PP 재질), 유리비커, 스테인리스비커, 플라스틱비커, 실리콘몰드, 실리콘주걱
플라스틱스푼, 니트릴장갑

How to make

1 코코넛오일, 팜오일을 계량하여 60℃로 가열합니다.

2 1에 나머지 베이스오일을 모두 계량합니다.

3 뚜껑이 있는 플라스틱용기(PP 재질)에 얼음과 정제수를 계량합니다.

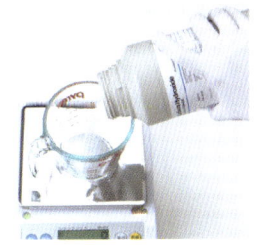

4 가성소다를 계량합니다.

5 3에 가성소다를 넣습니다.

6 곧바로 뚜껑을 닫은 후 원을 그리듯 흔들어 가성소다를 완전히 녹입니다.

7 베이스오일과 가성소다수용액의 온도를 각각 40℃ 정도로 맞춥니다.

8 베이스오일에 가성소다수용액을 넣습니다.

9 실리콘주걱으로 2분 정도 골고루 저어줍니다.

10 핸드블렌더를 약하게 사용하여 교반을 합니다.

11 에센셜오일을 첨가합니다.

12 에센셜오일이 골고루 섞이도록 실리콘주걱으로 충분히 저어줍니다.

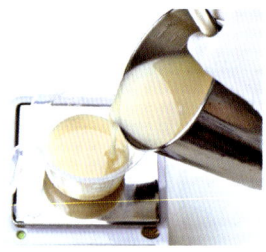

13 비누액이 수프보다 조금 약한 점도가 되면 플라스틱비커에 200g 계량합니다.

14 계량한 비누액에 바이올렛 마이카를 넣고 골고루 섞어둡니다.

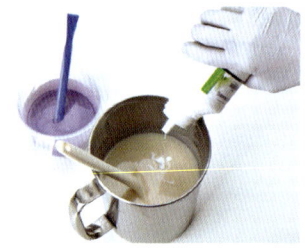

15 스테인리스비커에 있는 비누액은 화이트컬러로 만들기 위해 액상 티타늄디옥사이드를 첨가하고 골고루 저어둡니다.

16 실리콘몰드에 반 정도 차도록 15의 비누액을 넣습니다.

17 남아 있는 화이트컬러의 비누액은 다음 과정에서 붓기 편하도록 플라스틱비커로 옮겨 담습니다.

18 14의 바이올렛컬러의 비누액은 몰드의 한쪽 벽면을 타고 흐를 수 있도록 긴 쪽으로 왕복하며 전부 넣습니다.

19 화이트컬러의 비누액도 몰드의 한쪽 벽면을 타고 흐를 수 있도록 긴 쪽으로 왕복하며 넣습니다.

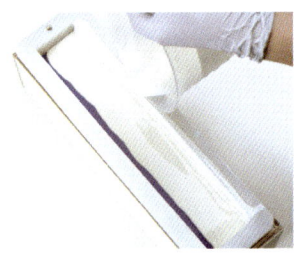

20 화이트컬러의 비누액을 모두 넣습니다.

21 실리콘몰드의 뚜껑을 닫고 보온을 합니다.

22 완성된 비누는 원하는 사이즈로 커팅하고 4주 이상의 건조기간이 지나면 pH테스트를 거친 후 사용합니다.

빨간 하트로 사랑을 전하는
하트 비누

디자인

하트 비누

비누 완성품 1,200g

분류	재료	용량	비고	
베이스오일 (760g)	코코넛(버진)	230g	전체 오일량의 30.3%	포화지방산 : 44.6% 불포화지방산 : 55.4%
	팜	230g	전체 오일량의 30.3%	
	동백	120g	전체 오일량의 15.8%	
	미강	60g	전체 오일량의 7.9%	
	포도씨	60g	전체 오일량의 7.9%	
	해바라기	60g	전체 오일량의 7.9%	
가성소다수용액	가성소다	115.7g	디스카운트 없음	
	정제수(29%)	220g	얼음 180g + 정제수 40g	
에센셜오일	32~33페이지 블렌딩 중 선택1	20ml	비누 총량의 2%	
첨가물	청대쪽 분말	소량		
	티타늄디옥사이드(액상)	소량		
	하트 CP비누	1	속비누용 (42페이지의 만들기 참고)	

도구

핫플레이트, 전자저울, 핸드블렌더, 온도계
플라스틱용기(PP 재질), 유리비커, 스테인리스비커, 실리콘몰드, 실리콘주걱
플라스틱스푼, 니트릴장갑

준비과정

1   42페이지의 만들기를 참고하여 CP비누를 만든 후 사진과 같이 몰드에서 빼내어 준비합니다.

How to make

1   코코넛오일, 팜오일을 계량하여 60℃로 가열합니다.

2   1에 나머지 베이스오일을 모두 계량합니다.

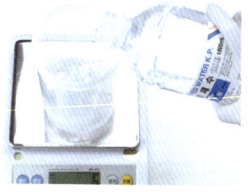

3   뚜껑이 있는 플라스틱용기(PP 재질)에 얼음과 정제수를 계량합니다.

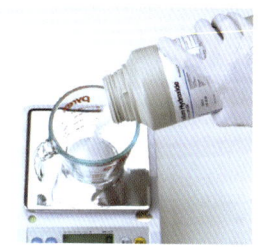

4   가성소다를 계량합니다.

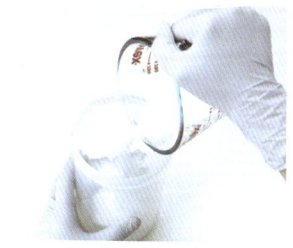

5   3에 가성소다를 넣습니다.

6   곧바로 뚜껑을 닫은 후 원을 그리듯 흔들어 가성소다를 완전히 녹입니다.

7 베이스오일과 가성소다수용액의 온도를 각각 40℃ 정도로 맞춥니다.

8 청대쪽 분말을 첨가합니다.

9 분말이 뭉치지 않도록 핸드블렌더를 사용하여 골고루 블렌딩합니다.

10 베이스오일에 가성소다수용액을 넣습니다.

11 실리콘주걱으로 2분 정도 골고루 저어줍니다.

12 핸드블렌더를 약하게 사용하여 교반을 합니다.

13 에센셜오일을 첨가하고 골고루 섞이도록 실리콘주걱으로 충분히 저어줍니다.

14 비누의 투명한 느낌을 없애기 위해 액상 티타늄디옥사이드를 소량 첨가합니다.

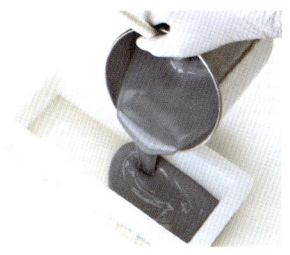

15 걸쭉한 점도가 되면 실리콘몰드에 비누액을 모두 넣습니다.

16 미리 마련해둔 CP속비누를 비누액 위에 올려둡니다.

17 실리콘몰드의 뚜껑을 닫고 보온을 합니다.

18 완성된 비누는 원하는 사이즈로 커팅하고 4주 이상의 건조기간이 지나면 pH테스트를 거친 후 사용합니다.

크리스마스 별 비누

비누 완성품 1,200g

분류	재료	용량	비고	
베이스오일 (760g)	코코넛(버진)	230g	전체 오일량의 30.3%	포화지방산 : 45.4% 불포화지방산 : 54.6%
	팜	230g	전체 오일량의 30.3%	
	동백	80g	전체 오일량의 10.5%	
	미강	100g	전체 오일량의 13.2%	
	포도씨	60g	전체 오일량의 7.9%	
	해바라기	60g	전체 오일량의 7.9%	
가성소다수용액	가성소다	115.4g	디스카운트 없음	
	정제수(29%)	220g	얼음 180g + 정제수 40g	
에센셜오일	32~33페이지 블렌딩 중 선택1	20ml	비누 총량의 2%	
첨가물	옥사이드(액상)	소량	그린크롬, 레드	
	티타늄디옥사이드(액상)	소량		
	별 MP비누	2	속비누용 (44페이지 만들기 참고)	

도구

핫플레이트, 전자저울, 핸드블렌더, 온도계
플라스틱용기(PP 재질), 유리비커, 스테인리스비커, 플라스틱비커, 실리콘몰드, 실리콘주걱
플라스틱스푼, 니트릴장갑, 도마, 과도

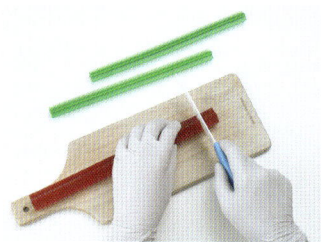

1 44페이지의 만들기를 참고하여 별모양의 비누를 2개 만들고 사이즈에 맞게 잘라둡니다.

How to make

1 코코넛오일, 팜오일을 계량하여 60℃로 가열합니다.

2 1에 나머지 베이스오일을 모두 계량합니다.

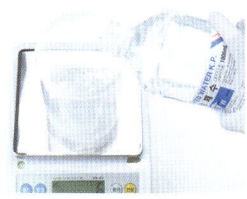

3 뚜껑이 있는 플라스틱용기(PP 재질)에 얼음과 정제수를 계량합니다.

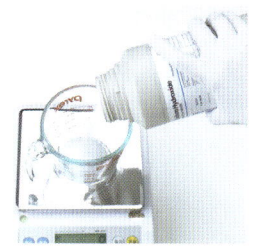

4 가성소다를 계량합니다.

5 3에 가성소다를 넣습니다.

6 곧바로 뚜껑을 닫은 후 원을 그리듯 흔들어 가성소다를 완전히 녹입니다.

7 베이스오일과 가성소다수용액의 온도
를 각각 40℃ 정도로 맞춥니다.

8 베이스오일에 가성소다수용액을 넣습
니다.

9 실리콘주걱으로 2분 정도 골고루 저어
줍니다.

10 핸드블렌더를 약하게 사용하여 교반
을 합니다.

11 에센셜오일을 첨가합니다.

12 에센셜오일이 골고루 섞이도록 실리
콘주걱으로 충분히 저어줍니다.

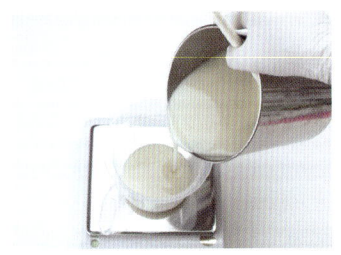

13 비누액이 걸쭉한 상태의 점도가 되면
플라스틱비커에 150g씩 2개를 덜어둡
니다.

14 13에 각각 그린컬러와 레드컬러를 만
들고 스테인리스비커에 남은 비누액
은 티타늄디옥사이드를 넣어 화이트
컬러를 만듭니다.

15 걸쭉한 상태의 그린컬러 비누액을 플
라스틱스푼으로 떠서 몰드에 넣고 굴
곡을 표현합니다.

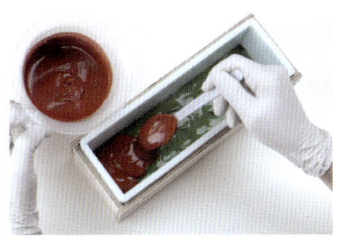

16 그 위에 걸쭉한 상태의 레드컬러 비누
액을 플라스틱스푼으로 떠서 몰드에
넣고 굴곡을 표현합니다.

17 그 위에 걸쭉한 상태의 화이트컬러 비
누액을 250g 정도 플라스틱스푼으로
떠서 몰드에 넣습니다.

18 별 모양 MP비누를 비누액 위에 올려둔
후 살짝 눌러 위치를 고정합니다.

19 화이트컬러의 비누액을 스푼으로 떠
넣습니다.

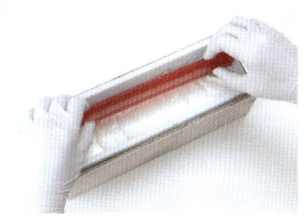

20 또 한 개의 별 모양 MP비누를 비누액
위에 올려둔 후 살짝 눌러 위치를 고
정합니다.

21 남은 화이트컬러의 비누액을 모두 스
푼으로 떠 넣습니다.

22 플라스틱스푼을 사용하여 비누액 윗
면에 결을 표현합니다.

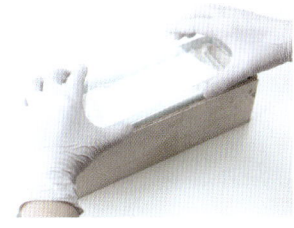

23 실리콘몰드의 뚜껑을 닫고 보온을 합
니다.

24 완성된 비누는 원하는 사이즈로 커팅
하고 4주 이상의 건조기간이 지나면
pH테스트를 거친 후 사용합니다.

스타아니스와 시나몬 스틱의 조화

오리엔탈 비누

오리엔탈 비누

비누 완성품 1,100g

분류	재료	용량	비고	
베이스오일 (760g)	코코넛(버진)	230g	전체 오일량의 30.3%	포화지방산 : 44.6% 불포화지방산 : 55.4%
	팜	230g	전체 오일량의 30.3%	
	동백	120g	전체 오일량의 15.8%	
	미강	60g	전체 오일량의 7.9%	
	포도씨	60g	전체 오일량의 7.9%	
	해바라기	60g	전체 오일량의 7.9%	
가성소다수용액	가성소다	115.7g	디스카운트 없음	
	정제수(29%)	220g	얼음 180g + 정제수 40g	
에센셜오일	32~33페이지 블렌딩 중 선택1	20ml	비누 총량의 2%	
첨가물	단호박 분말	소량		
	숯 분말	소량		
	토르말린 분말	소량		
	티타늄디옥사이드(액상)	소량		
	스타아니스, 시나몬 스틱	소량	데코레이션용	

도구

핫플레이트, 전자저울, 핸드블렌더, 온도계

플라스틱용기(PP 재질), 유리비커, 스테인리스비커, 플라스틱비커, 실리콘몰드, 실리콘주걱

플라스틱스푼, 니트릴장갑

How to make

1 코코넛오일, 팜오일을 계량하여 60℃로 가열합니다.

2 1에 나머지 베이스오일을 모두 계량합니다.

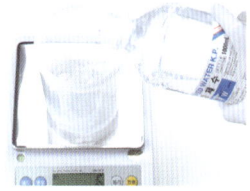

3 뚜껑이 있는 플라스틱용기(PP 재질)에 얼음과 정제수를 계량합니다.

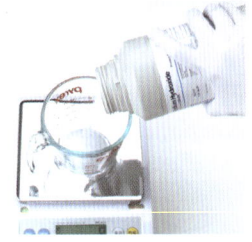

4 가성소다를 계량합니다.

5 3에 가성소다를 넣습니다.

6 곧바로 뚜껑을 닫은 후 원을 그리듯 흔들어 가성소다를 완전히 녹입니다.

7 베이스오일과 가성소다수용액의 온도를 각각 40℃ 정도로 맞춥니다.

8 베이스오일에 가성소다수용액을 넣습니다.

9 실리콘주걱으로 2분 정도 골고루 저어줍니다.

10 핸드블렌더를 약하게 사용하여 교반을 합니다.

11 에센셜오일을 첨가합니다.

12 에센셜오일이 골고루 섞이도록 실리콘주걱으로 충분히 저어줍니다.

13 비누액이 수프와 비슷한 점도가 되면 플라스틱비커에 350g을 덜어둡니다.

14 13에 단호박 분말을 첨가합니다.

15 스테인리스비커의 비누액에 토르말린 분말과 숯 분말을 넣어 진한 그레이컬러를 만들어둡니다.

16 비누의 투명한 느낌을 없애기 위해 14에 액상 티타늄디옥사이드를 소량 첨가합니다.

17 옐로컬러의 비누액에 넣은 분말이 뭉치지 않도록 핸드블렌더를 사용하여 골고루 블렌딩합니다.

18 15의 비누액에 넣은 분말도 뭉치지 않도록 핸드블렌더를 사용하여 골고루 블렌딩합니다.

19 15의 비누액은 실리콘주걱으로 트레이스를 조금 더 낸 후 실리콘몰드에 넣습니다.

20 실리콘몰드의 뚜껑을 닫고 비누액이 출렁거리지 않을 때까지 보온을 합니다. 옐로컬러의 비누액도 같이 보온합니다.

21 비누액 윗면이 출렁거리지 않으면 보온고에서 꺼내어 옐로컬러의 비누액을 플라스틱스푼으로 떠 넣습니다.

22 플라스틱스푼으로 비누 윗면에 웨이브를 표현합니다.

23 스타아니스, 시나몬 스틱으로 데코레이션합니다.

24 실리콘몰드의 뚜껑을 닫고 보온을 합니다.

25 완성된 비누는 원하는 사이즈로 커팅하고 4주 이상의 건조기간이 지나면 pH테스트를 거친 후 사용합니다.

핑크컬러와 로즈버드로 여성스러움이 가득한
핑크로즈 비누

핑크로즈 비누

비누 완성품 1,100g

분류	재료	용량	비고	
베이스오일 (760g)	코코넛(버진)	230g	전체 오일량의 30.3%	포화지방산 : 44.6% 불포화지방산 : 55.4%
	팜	230g	전체 오일량의 30.3%	
	동백	120g	전체 오일량의 15.8%	
	미강	60g	전체 오일량의 7.9%	
	포도씨	60g	전체 오일량의 7.9%	
	해바라기	60g	전체 오일량의 7.9%	
가성소다수용액	가성소다	115.7g	디스카운트 없음	
	정제수(29%)	220g	얼음 180g + 정제수 40g	
에센셜오일	32~33페이지 블렌딩 중 선택1	20ml	비누 총량의 2%	
첨가물	칼라민 분말	20g		
	티타늄디옥사이드(액상)	소량		
	로즈버드 드라이 허브	10개	데코레이션용	

도구

핫플레이트, 전자저울, 핸드블렌더, 온도계

플라스틱용기(PP재질), 유리비커, 스테인리스비커, 플라스틱비커, 실리콘몰드, 실리콘주걱

플라스틱스푼, 플라스틱포크, 니트릴장갑

How to make

1 코코넛오일. 팜오일을 계량하여 60℃로 가열합니다.

2 1에 나머지 베이스오일을 모두 계량합니다.

3 뚜껑이 있는 플라스틱용기(PP 재질)에 얼음과 정제수를 계량합니다.

4 가성소다를 계량합니다.

5 3에 가성소다를 넣습니다.

6 곧바로 뚜껑을 닫은 후 원을 그리듯 흔들어 가성소다를 완전히 녹입니다.

7 베이스오일과 가성소다수용액의 온도를 각각 40℃ 정도로 맞춥니다.

8 베이스오일에 칼라민 분말을 넣습니다.

9 분말이 뭉치지 않도록 핸드블렌더를 사용하여 골고루 블렌딩합니다.

169

10 베이스오일에 가성소다수용액을 넣습니다.

11 실리콘주걱으로 2분 정도 골고루 저어줍니다.

12 핸드블렌더를 약하게 사용하여 교반을 합니다.

13 에센셜오일을 첨가한 후 골고루 섞이도록 실리콘주걱으로 충분히 저어줍니다.

14 플라스틱비커에 비누액을 400g 덜고 나머지는 스테인리스비커에 그대로 둡니다.

15 14의 비누액에 액상 티타늄디옥사이드를 첨가하고 골고루 저어둡니다.

16 스테인리스비커의 비누액이 걸쭉한 점도가 되면 실리콘몰드에 비누액을 모두 넣습니다.

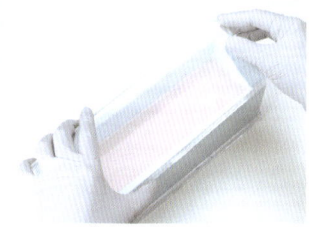

17 실리콘몰드의 뚜껑을 닫고 비누액이 출렁거리지 않을 때까지 보온을 합니다. 400g 덜어둔 비누액도 같이 보온합니다.

18 비누액 윗면이 출렁거리지 않으면 보온고에서 꺼내고 400g 덜어둔 비누액을 모두 부어줍니다.

19 상면을 정리한 후 플라스틱포크로 결을 표현합니다.

20 로즈버드 드라이 허브를 꽂아 데코레이션합니다.

21 실리콘몰드의 뚜껑을 닫고 보온을 합니다.

22 완성된 비누는 원하는 사이즈로 커팅하고 4주 이상의 건조기간이 지나면 pH테스트를 거친 후 사용합니다.

● making tip

이 비누에서는 액상 티타늄디옥사이드의 첨가유무에 따라 비누의 느낌이 다르다는것을 볼 수 있습니다.
액상 티타늄디옥사이드를 첨가하지 않으면 완성된 비누가 약간의 투명한 느낌이 보이며, 액상 티타늄디옥사이드를 첨가하면 투명한 느낌을 없애게 되어 비누가 불투명하게 완성됩니다.

빈티지한 느낌에 고급스러움까지 더한
다크브라운 비누

다크브라운 비누

비누 완성품 1,100g

분류	재료	용량	비고	
베이스오일 (760g)	코코넛(버진)	230g	전체 오일량의 30.3%	포화지방산 : 44.6% 불포화지방산 : 55.4%
	팜	230g	전체 오일량의 30.3%	
	동백	120g	전체 오일량의 15.8%	
	미강	60g	전체 오일량의 7.9%	
	포도씨	60g	전체 오일량의 7.9%	
	해바라기	60g	전체 오일량의 7.9%	
가성소다수용액	가성소다	115.7g	디스카운트 없음	
	정제수(29%)	220g	얼음 180g + 정제수 40g	
에센셜오일	32~33페이지 블렌딩 중 선택1	20ml	비누 총량의 2%	
첨가물	차가버섯 분말	10g		
	티타늄디옥사이드(액상)	소량		
	마이카	소량	브라운	

도구

핫플레이트, 전자저울, 핸드블렌더, 온도계

플라스틱용기(PP 재질), 유리비커, 스테인리스비커, 플라스틱비커, 실리콘몰드, 실리콘주걱

플라스틱스푼, 니트릴장갑, 마이카용 스프레이용기, 깍지 팁

How to make

1 코코넛오일, 팜오일을 계량하여 60℃로 가열합니다.

2 1에 나머지 베이스오일을 모두 계량합니다.

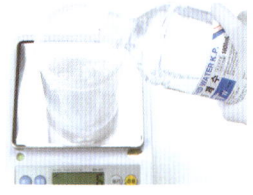

3 뚜껑이 있는 플라스틱용기(PP 재질)에 얼음과 정제수를 계량합니다.

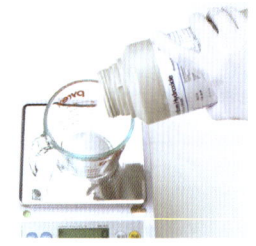

4 가성소다를 계량합니다.

5 3에 가성소다를 넣습니다.

6 곧바로 뚜껑을 닫은 후 원을 그리듯 흔들어 가성소다를 완전히 녹입니다.

7 베이스오일과 가성소다수용액의 온도를 각각 40℃ 정도로 맞춥니다.

8 베이스오일에 가성소다수용액을 넣습니다.

9 실리콘주걱으로 2분 정도 골고루 저어줍니다.

10 차가버섯 분말을 첨가합니다.

11 핸드블렌더를 약하게 사용하여 교반을 합니다.

12 에센셜오일을 첨가하고 골고루 섞이도록 실리콘주걱으로 충분히 저어줍니다.

13 비누의 투명한 느낌을 없애기 위해 액상 티타늄디옥사이드를 소량 첨가합니다.

14 걸쭉한 점도가 되면 실리콘몰드에 비누액을 모두 넣습니다.

15 깍지 팁 뒷부분을 사용하여 비누액 윗면에 무늬를 표현합니다.

16 스프레이용기에 담긴 마이카를 준비한 후 비누액 윗면 전체에 골고루 분사합니다.

17 실리콘몰드의 뚜껑을 닫고 보온을 합니다.

18 완성된 비누는 원하는 사이즈로 커팅하고 4주 이상의 건조기간이 지나면 pH테스트를 거친 후 사용합니다.

Part 3

DESIGN SOAP II
디자인 비누 II

"
이젠 디자인 비누의 업그레이드랄까요?
다양한 도구를 활용하거나
좀 더 고난이도 컬러 배합을 통해
색다른 디자인 비누에 도전해 보세요.
이제, 당신도 전문가입니다.
"

팬시한 기린 패턴이 취향 저격
기린패턴 비누

마블

기린패턴 비누

비누 완성품 630g

분류	재료	용량	비고	
베이스오일 (450g)	코코넛(버진)	135g	전체 오일량의 30%	포화지방산 : 44.3% 불포화지방산 : 55.7%
	팜	135g	전체 오일량의 30%	
	동백	75g	전체 오일량의 16.7%	
	미강	35g	전체 오일량의 7.8%	
	포도씨	35g	전체 오일량의 7.8%	
	해바라기	35g	전체 오일량의 7.8%	
가성소다수용액	가성소다	68.5g	디스카운트 없음	
	정제수(29%)	130g	얼음 105g + 정제수 25g	
에센셜오일	32~33페이지 블렌딩 중 선택1	15ml	비누 총량의 2%	
첨가물	옥사이드(액상)	소량	레드, 옐로레이크	
	티타늄디옥사이드(액상)	소량		

도구

핫플레이트, 전자저울, 핸드블렌더, 온도계

플라스틱용기(PP 재질), 유리비커, 스테인리스비커, 플라스틱비커, 실리콘몰드, 실리콘주걱

플라스틱스푼, 니트릴장갑, 뾰족튜브용기(케첩용기)2개

준비과정

1 뾰족튜브용기의 앞부분을 잘라 준비합
니다.

How to make

1 코코넛오일, 팜오일을 계량하여 60℃로
가열합니다.

2 1에 나머지 베이스오일을 모두 계량합
니다.

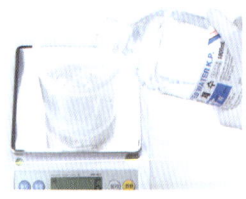

3 뚜껑이 있는 플라스틱용기(PP 재질)에
얼음과 정제수를 계량합니다.

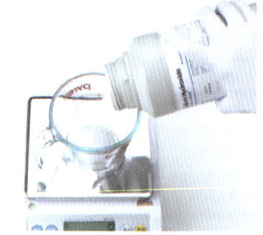

4 가성소다를 계량합니다.

5 3에 가성소다를 넣습니다.

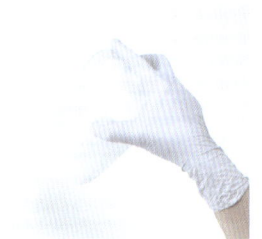

6 곧바로 뚜껑을 닫은 후 원을 그리듯 흔
들어 가성소다를 완전히 녹입니다.

7 베이스오일과 가성소다수용액의 온도
를 각각 40℃ 정도로 맞춥니다.

8 베이스오일에 가성소다수용액을 넣습
니다.

9 실리콘주걱으로 2분 정도 골고루 저어
줍니다.

10 핸드블렌더를 약하게 사용하여 교반
을 합니다.

11 에센셜오일을 첨가합니다.

12 에센셜오일이 골고루 섞이도록 실리
콘주걱으로 충분히 저어줍니다.

13 비누액이 수프보다 좀 더 걸쭉한 점
도가 되면 플라스틱비커에 300g과
350g으로 나누어 계량합니다.

14 350g의 비누액에 화이트컬러, 300g
의 비누액에 브라운컬러를 만들어둡
니다.

15 뾰족튜브용기에 각각 비누액을 1/4씩
넣어 준비합니다(비누액을 많이 넣으
면 위치를 잡기 전에 조금만 기울여도
비누액이 흘러나올 수 있으므로 조금
씩 덜어서 사용합니다).

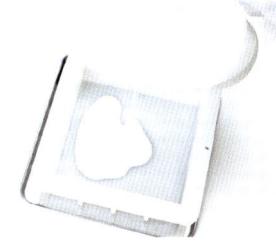

16 화이트컬러의 비누액을 실리콘몰드에
넣습니다.

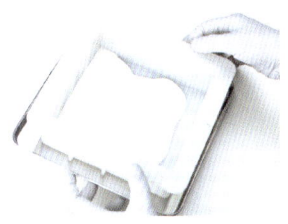

17 실리콘몰드에 비누액이 전체적으로 골
고루 퍼지도록 기울입니다.

18 브라운컬러의 비누액을 동그란 모양으로 짭니다.

19 화이트컬러의 비누액을 동그란 모양 사이사이에 짭니다(화이트컬러의 비누액은 화이트컬러의 비누액 위에 짜도록 합니다).

20 브라운컬러의 비누액은 화이트컬러의 비누액 위에 짭니다.

21 화이트컬러의 비누액은 화이트컬러의 비누액 위에 짭니다.

22 뾰족튜브용기에 비누액을 보충하고 20~21번의 과정을 반복하며 비누액을 모두 실리콘몰드에 넣어 완성합니다.

23 실리콘몰드의 뚜껑을 닫고 보온을 합니다.

24 완성된 비누는 원하는 사이즈로 커팅하고 4주 이상의 건조기간이 지나면 pH테스트를 거친 후 사용합니다.

● making tip

뾰족튜브용기는 비누액을 최대한 비운 후 그대로 두고 1~2일 후 용기 안에 물을 가득 담아 다음 날 헹구면 말끔하게 세척되어 재사용이 가능합니다.

레이스 비누

비누 완성품 550g

분류	재료	용량	비고	
베이스오일 (380g)	코코넛(버진!)	115g	전체 오일량의 30.3%	포화지방산 : 44.6% 불포화지방산 : 55.4%
	팜	115g	전체 오일량의 30.3%	
	동백	60g	전체 오일량의 15.8%	
	미강	30g	전체 오일량의 7.9%	
	포도씨	30g	전체 오일량의 7.9%	
	해바라기	30g	전체 오일량의 7.9%	
가성소다수용액	가성소다	57.9g	디스카운트 없음	
	정제수(29%)	110g	얼음 90g + 정제수 20g	
에센셜오일	32~33페이지 블렌딩 중 선택1	10ml	비누 총량의 2%	
첨가물	옥사이드(액상)	소량	인디언핑크	
	티타늄디옥사이드(액상)	소량		

도구

핫플레이트, 전자저울, 핸드블렌더, 온도계

플라스틱용기(PP 재질), 유리비커, 스테인리스비커, 실리콘몰드, 레이스몰드, 실리콘주걱

플라스틱스푼, 니트릴장갑, 종이컵

1 레이스몰드가 평평하게 유지될 수 있도 록 실리콘몰드 뚜껑 위에 올려 준비해 둡니다.

How to make

1 코코넛오일. 팜오일을 계량하여 60℃로 가열합니다.

2 1에 나머지 베이스오일을 모두 계량합 니다.

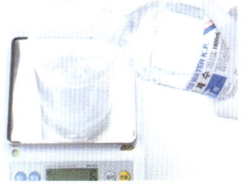

3 뚜껑이 있는 플라스틱용기(PP 재질)에 얼음과 정제수를 계량합니다.

4 가성소다를 계량합니다.

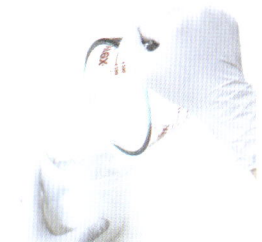

5 3에 가성소다를 넣습니다.

6 곧바로 뚜껑을 닫은 후 원을 그리듯 흔 들어 가성소다를 완전히 녹입니다.

7 베이스오일과 가성소다수용액의 온도를 각각 40℃ 정도로 맞춥니다.

8 베이스오일에 가성소다수용액을 넣습니다.

9 실리콘주걱으로 2분 정도 골고루 저어줍니다.

10 핸드블렌더를 약하게 사용하여 교반을 합니다.

11 에센셜오일을 첨가합니다.

12 에센셜오일이 골고루 섞이도록 실리콘주걱으로 충분히 저어줍니다.

13 비누액이 수프와 비슷한 점도가 되면 종이컵에 비누액을 10g 정도 덜어둡니다.

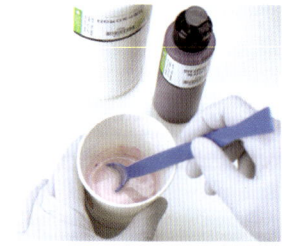

14 액상 옥사이드와 액상 티타늄디옥사이드를 첨가하여 진한 핑크 컬러를 만듭니다.

15 레이스몰드에 비누액을 플라스틱스푼으로 2~3스푼 떠 넣고 골고루 스며들도록 펴 바릅니다.

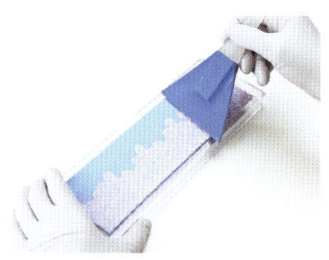

16 레이스 무늬에 스며든 비누액을 제외하고 실리콘주걱으로 깨끗하게 긁어냅니다(실리콘주걱 대신 베이킹용 스크레퍼, 폼보드를 사용해도 됩니다).

17 10분정도 잠시 보온을 한 후 실리콘몰드 안에 살며시 넣어 자리를 잡습니다. 실내가 많이 춥지 않다면 그대로 잠시 두어도 됩니다.

18 남은 비누액에 액상 옥사이드와 액상 티타늄디옥사이드를 번갈아 넣으면서 연한 핑크 컬러를 만듭니다.

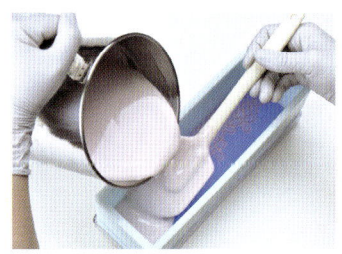

19 실리콘몰드의 뚜껑을 열고 18의 비누액을 모두 넣습니다(이때 레이스 부분의 비누액이 밀리지 않도록 실리콘주걱을 대고 넣습니다).

20 실리콘몰드의 뚜껑을 닫고 보온을 합니다.

21 완성된 비누는 원하는 사이즈로 커팅하고 4주 이상의 건조기간이 지나면 pH테스트를 거친 후 사용합니다.

● making tip

레이스 비누를 커팅할 때는 레이스 부분이 많이 보이도록 커팅하는 것이 비누를 좀 더 돋보이게 합니다. 1kg의 비누를 만들 경우 레시피를 2배로 계량한 후 실리콘몰드, 레이스몰드를 각각 2개를 준비하여 두 개로 나누어 만들면 커팅한 비누의 넓은 앞면에 레이스가 모두 보이도록 완성할 수 있습니다.

귀여운 물방울이 포인트

워터드롭 비누

컬러

워터드롭 비누

비누 완성품 1,100g

분류	재료	용량	비고	
베이스오일 (760g)	코코넛(버진)	230g	전체 오일량의 30.3%	포화지방산 : 44.6% 불포화지방산 : 55.4%
	팜	230g	전체 오일량의 30.3%	
	동백	120g	전체 오일량의 15.8%	
	미강	60g	전체 오일량의 7.9%	
	포도씨	60g	전체 오일량의 7.9%	
	해바라기	60g	전체 오일량의 7.9%	
가성소다수용액	가성소다	115.7g	디스카운트 없음	
	정제수(29%)	220g	얼음 180g + 정제수 40g	
에센셜오일	32~33페이지 블렌딩 중 선택1	20ml	비누 총량의 2%	
첨가물	옥사이드(액상)	소량	레드, 마린블루, 옐로레이크	
	티타늄디옥사이드(액상)	소량		

도구

핫플레이트, 전자저울, 핸드블렌더, 온도계

플라스틱용기(PP 재질), 유리비커, 스테인리스비커, 플라스틱비커, 실리콘몰드, 실리콘주걱

플라스틱스푼, 니트릴장갑, 종이컵, 작은뾰족용기 4개

How to make

1 코코넛오일, 팜오일을 계량하여 60℃로 가열합니다.

2 1에 나머지 베이스오일을 모두 계량합니다.

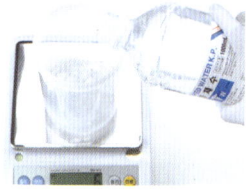

3 뚜껑이 있는 플라스틱용기(PP 재질)에 얼음과 정제수를 계량합니다.

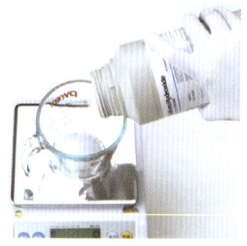

4 가성소다를 계량합니다.

5 3에 가성소다를 넣습니다. 곧바로 뚜껑을 닫은 후 원을 그리듯 흔들어 가성소다를 완전히 녹입니다.

6 베이스오일과 가성소다수용액의 온도를 각각 40℃ 정도로 맞춥니다.

7 베이스오일에 가성소다수용액을 넣습니다.

8 실리콘주걱으로 2분 정도 골고루 저어줍니다.

9 핸드블렌더를 약하게 사용하여 교반을 합니다.

10 에센셜오일을 첨가합니다. 에센셜오일이 골고루 섞이도록 실리콘주걱으로 충분히 저어줍니다.

11 비누액이 수프보다 조금 약한 점도가 되면 종이컵에 비누액을 15g씩 같은 용량으로 4개를 계량합니다.

12 액상 옥사이드와 액상 티타늄디옥사이드를 첨가하여 종이컵에 담긴 비누액은 레드, 오렌지, 옐로, 블루 컬러를 만들고 스테인리스비커에 있는 비누액은 화이트컬러를 만들어 골고루 섞어둡니다.

13 뾰족튜브용기에 각각의 컬러를 옮겨 담습니다.

14 실리콘몰드에 스테인리스비커의 비누액을 모두 넣습니다.

15 뾰족튜브용기에 담긴 각 컬러의 비누액을 실리콘몰드에 짜내면서 몰드의 긴쪽 방향으로 한줄 넣습니다.

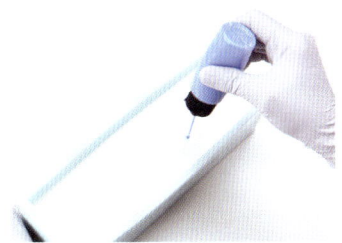

16 나머지 컬러도 같은 방법으로 높낮이를 조절하여 비누액을 실리콘몰드에 컬러별로 한줄씩 넣습니다.

17 실리콘몰드의 뚜껑을 닫고 보온을 합니다.

18 완성된 비누는 원하는 사이즈로 커팅하고 4주 이상의 건조기간이 지나면 pH테스트를 거친 후 사용합니다.

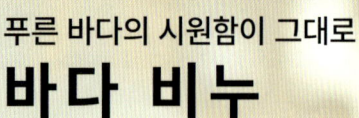

푸른 바다의 시원함이 그대로
바다 비누

데코

바다 비누

비누 완성품 1,200g

분류	재료	용량	비고	
베이스오일 (760g)	코코넛(버진)	230g	전체 오일량의 30.3%	포화지방산 : 44.6% 불포화지방산 : 55.4%
	팜	230g	전체 오일량의 30.3%	
	동백	120g	전체 오일량의 15.8%	
	미강	60g	전체 오일량의 7.9%	
	포도씨	60g	전체 오일량의 7.9%	
	해바라기	60g	전체 오일량의 7.9%	
가성소다수용액	가성소다	115.7g	디스카운트 없음	
	정제수(29%)	220g	얼음 180g + 정제수 40g	
에센셜오일	32~33페이지 블렌딩 중 선택1	20ml	비누 총량의 2%	
첨가물	어성초 분말	3g		
	옥사이드(액상)	소량	마린블루	
	티타늄디옥사이드(액상)	소량		
	마이카	소량	브라운	
	자투리비누	소량	데코레이션용	

도구

핫플레이트, 전자저울, 핸드블렌더, 온도계

플라스틱용기(PP 재질), 유리비커, 스테인리스비커, 플라스틱비커, 실리콘몰드, 장식용 데코몰드, 실리콘주걱

플라스틱스푼, 니트릴장갑, 차망

1 자투리비누를 뭉친 후 몰드에 꼭꼭 눌러서 데코를 위한 모양비누를 만들어 둡니다.

How to make

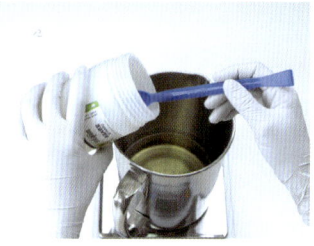

1 코코넛오일, 팜오일을 계량하여 60℃로 가열합니다.

2 1에 나머지 베이스오일을 모두 계량합니다.

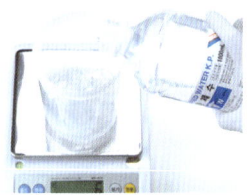

3 뚜껑이 있는 플라스틱용기(PP 재질)에 얼음과 정제수를 계량합니다.

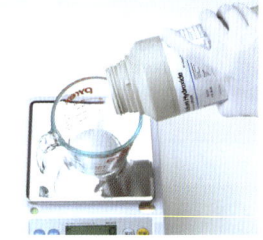

4 가성소다를 계량합니다.

5 3에 가성소다를 넣습니다.

6 곧바로 뚜껑을 닫은 후 원을 그리듯 흔들어 가성소다를 완전히 녹입니다.

7 베이스오일과 가성소다수용액의 온도를 각각 40℃ 정도로 맞춥니다.

8 베이스오일에 가성소다수용액을 넣습니다.

9 실리콘주걱으로 2분 정도 골고루 저어 줍니다.

10 핸드블렌더를 약하게 사용하여 교반을 합니다.

11 에센셜오일을 첨가합니다.

12 에센셜오일이 골고루 섞이도록 실리콘주걱으로 충분히 저어줍니다.

13 비누액이 수프와 비슷한 점도가 되면 비누액을 400g 두 개와 나머지 총 3개로 나눕니다.

14 두 개의 400g에는 각각 화이트와 블루컬러를 만들고 나머지에는 어성초 분말을 첨가합니다.

15 미니블렌더를 사용해서 골고루 섞어 둡니다.

16 어성초 분말을 넣은 비누액은 트레이스를 조금 더 낸 후 실리콘몰드에 넣습니다.

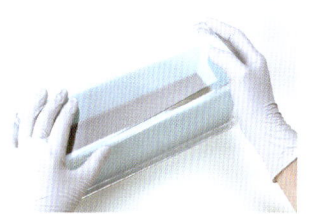

17 실리콘몰드의 뚜껑을 닫고 비누액이 출렁거리지 않을 때까지 보온을 합니다. 나머지 비누액도 같이 보온합니다.

18 비누액 윗면이 출렁거리지 않으면 보온고에서 꺼내고 플라스틱스푼으로 굴곡을 표현합니다.

19 차망을 이용해서 마이카를 전체적으로 얇게 덮어줍니다.

20 블루컬러의 비누액에 화이트컬러의 비누액을 조금 넣습니다.

21 플라스틱스푼으로 선을 자연스럽게 만든 후 비누액을 조심히 떠 넣습니다.

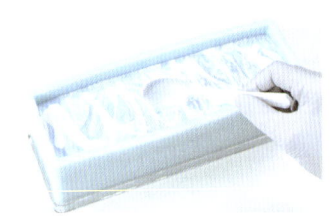

22 20과 21의 과정을 반복하여 비누액을 몰드에 전부 넣습니다.

23 '준비과정'에서 만들어둔 데코레이션용 비누로 윗면을 장식합니다.

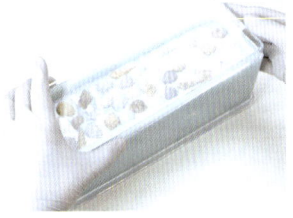

24 실리콘몰드의 뚜껑을 닫고 보온을 합니다.

25 완성된 비누는 원하는 사이즈로 커팅하고 4주 이상의 건조기간이 지나면 pH테스트를 거친 후 사용합니다.

● making tip

비누를 커팅하거나 트리밍한 후 남은 조각들을 비닐봉투에 밀봉하여 보관해두면 촉촉함이 남아 있어 데코용으로 사용할 수 있습니다.
손으로 뭉쳐서 반죽을 부드럽게 한 다음, 몰드에 꼭꼭 눌러 빼내면 완성됩니다.

모래사장과 파도, 그리고 푸른 하늘까지 담은
해변가 비누

마블

해변가 비누

비누 완성품 1,100g

분류	재료	용량	비고	
베이스오일 (760g)	코코넛(버진)	230g	전체 오일량의 30.3%	포화지방산 : 44.6% 불포화지방산 : 55.4%
	팜	230g	전체 오일량의 30.3%	
	동백	120g	전체 오일량의 15.8%	
	미강	60g	전체 오일량의 7.9%	
	포도씨	60g	전체 오일량의 7.9%	
	해바라기	60g	전체 오일량의 7.9%	
가성소다수용액	가성소다	115.7g	디스카운트 없음	
	정제수(29%)	220g	얼음 180g + 정제수 40g	
에센셜오일	32~33페이지 블렌딩 중 선택1	20ml	비누 총량의 2%	
첨가물	샌들우드 분말	소량		
	옥사이드(액상)	소량	마린블루	
	티타늄디옥사이드(액상)	소량		

도구

핫플레이트, 전자저울, 핸드블렌더, 온도계

플라스틱용기(PP 재질), 유리비커, 스테인리스비커, 플라스틱비커, 실리콘몰드, 실리콘주걱

플라스틱스푼, 니트릴장갑, 폼보드 칸막이, 산적꽂이

1 폼보드로 실리콘몰드 칸막이 2개를 만들어둡니다.

How to make

1 코코넛오일, 팜오일을 계량하여 60℃로 가열합니다.

2 1에 나머지 베이스오일을 모두 계량합니다.

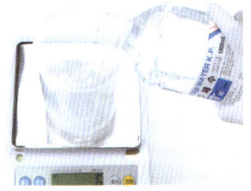

3 뚜껑이 있는 플라스틱용기(PP 재질)에 얼음과 정제수를 계량합니다.

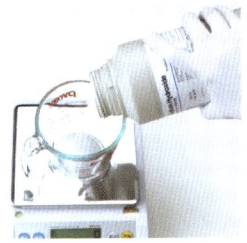

4 가성소다를 계량합니다.

5 3에 가성소다를 넣습니다.

6 곧바로 뚜껑을 닫은 후 원을 그리듯 흔들어 가성소다를 완전히 녹입니다.

7 베이스오일과 가성소다수용액의 온도를 각각 40℃ 정도로 맞춥니다.

8 베이스오일에 가성소다수용액을 넣습니다.

9 실리콘주걱으로 2분 정도 골고루 저어줍니다.

10 핸드블렌더를 약하게 사용하여 교반을 합니다.

11 에센셜오일을 첨가합니다.

12 에센셜오일이 골고루 섞이도록 실리콘주걱으로 충분히 저어줍니다.

13 비누액이 수프와 비슷한 점도가 되면 플라스틱비커에 비누액을 150g, 200g, 400g 덜어둡니다.

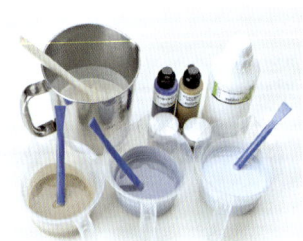

14 150g에 샌들우드 분말, 200g에 진한 블루컬러, 400g에 연한 블루컬러, 스테인리스비커의 비누액은 화이트컬러로 만듭니다.

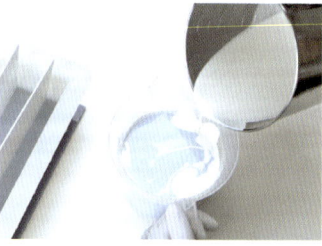

15 연한 블루컬러의 비누액이 들어 있는 비커에 화이트컬러의 비누액을 비커 곳곳에 넣습니다.

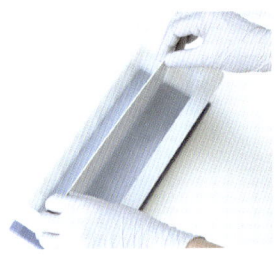

16 실리콘몰드에 폼보드 칸막이 한 개를 고정합니다.

17 칸막이를 손으로 고정하고 비누액은 실리콘몰드의 벽을 타면서 넣습니다.

18 화이트컬러의 비누액을 조금 보충합니다.

19 연한 블루컬러의 비누액을 모두 넣습니다. 이때 비누액이 조금 새어나와도 괜찮습니다.

20 진한 블루컬러의 비누액이 들어 있는 비커에 화이트컬러의 비누액을 비커 곳곳에 넣습니다.

21 실리콘몰드에 폼보드 칸막이 한 개를 더 넣어 손으로 고정하고 비누액을 가로 방향으로 넣습니다.

22 샌들우드 분말을 첨가한 비누액의 비커에 화이트컬러의 비누액을 비커 곳곳에 넣습니다.

23 칸막이를 손으로 고정하고 비누액을 가로 방향으로 넣습니다. 이때 역시 비누액이 조금 새어나와도 괜찮습니다.

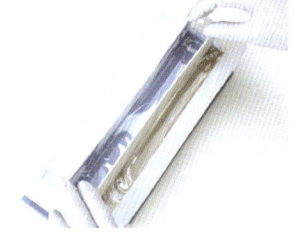

24 칸막이를 밀고 당기며 조절하여 적당한 간격에 위치하도록 합니다.

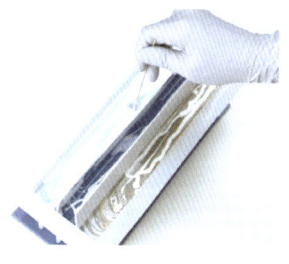

25 산적꽂이를 이용해 가로 방향으로 결을 자연스럽게 연결합니다.

26 칸막이를 조심히 빼냅니다.

27 결이 자연스럽지 않은 부분에 산적꽂이를 이용해 결을 다시 한번 정리합니다.

28 실리콘몰드의 뚜껑을 닫고 보온을 합니다.

29 완성된 비누는 원하는 사이즈로 커팅하고 4주 이상의 건조기간이 지나면 pH테스트를 거친 후 사용합니다.

동화 속의 따뜻한 밤하늘을 연상시키는

밤하늘 비누

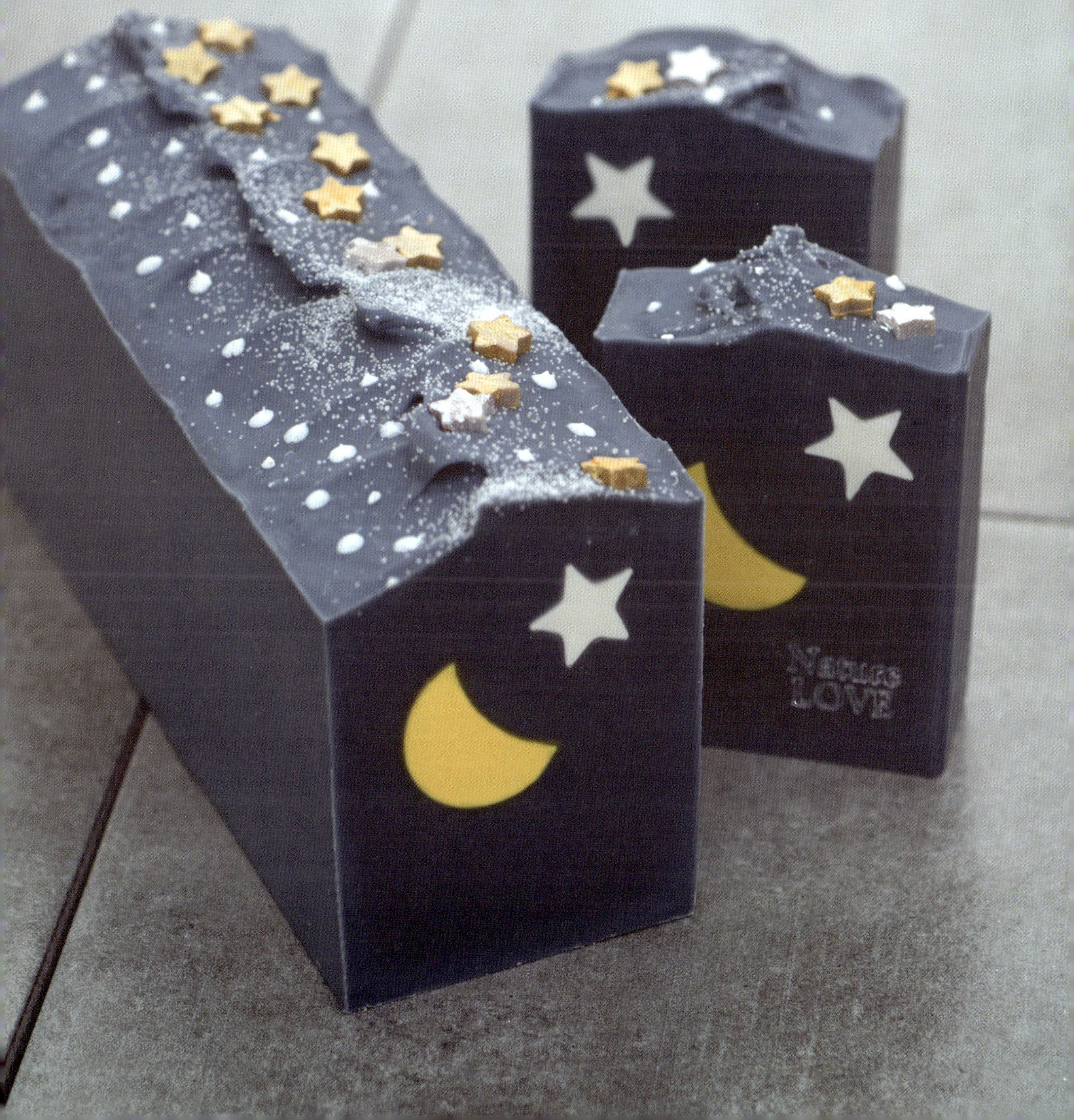

밤하늘 비누

비누 완성품 1,350g

분류	재료	용량	비고	
베이스오일 (860g)	코코넛(버진)	260g	전체 오일량의 30.2%	포화지방산 : 45.2% 불포화지방산 : 54.8%
	팜	260g	전체 오일량의 30.2%	
	동백	100g	전체 오일량의 11.6%	
	미강	100g	전체 오일량의 11.6%	
	포도씨	70g	전체 오일량의 8.1%	
	해바라기	70g	전체 오일량의 8.1%	
가성소다수용액	가성소다	130.7g	디스카운트 없음	
	정제수(29%)	250g	얼음 200g + 정제수 50g	
에센셜오일	32~33페이지 블렌딩 중 선택1	25ml	비누 총량의 2%	
첨가물	숯 분말	소량		
	마이카	소량	골드	
	호호바 비즈	소량	화이트 (데코레이션용, 생략가능)	
	옥사이드(액상)	소량	마린블루	
	티타늄디옥사이드(액상)	소량		
	자투리비누	소량	데코레이션용	
	초승달, 별 CP비누	2	속비누용 (42페이지 만들기 참고)	

도구

핫플레이트, 전자저울, 핸드블렌더, 온도계
플라스틱용기(PP 재질), 유리비커, 스테인리스비커, 플라스틱비커, 실리콘몰드, 실리콘주걱
플라스틱스푼, 니트릴장갑, 종이컵, 나무젓가락, 산적꽂이, 별모양 고명 틀(미니 쿠키커터)

준비과정

1 42페이지의 만들기를 참고하여 CP비누를 만든 후 사진과 같이 몰드에서 빼내어 준비합니다.

2 별 모양 쿠키커터를 이용하여 자투리비누를 별 모양으로 찍어둡니다.

3 2를 골드마이카에 묻혀둡니다.

How to make

1 코코넛오일, 팜오일을 계량하여 60℃로 가열합니다.

2 1에 나머지 베이스오일을 모두 계량합니다.

3 뚜껑이 있는 플라스틱용기(PP 재질)에 얼음과 정제수를 계량합니다.

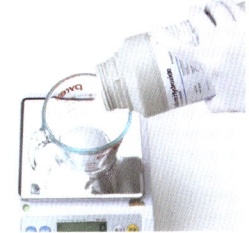

4 가성소다를 계량합니다.

5 3에 가성소다를 넣습니다.

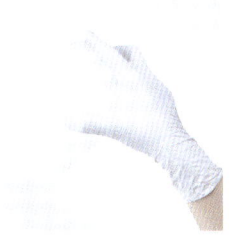

6 곧바로 뚜껑을 닫은 후 원을 그리듯 흔들어 가성소다를 완전히 녹입니다.

7 베이스오일과 가성소다수용액의 온도를 각각 40℃ 정도로 맞춥니다.

8 베이스오일에 가성소다수용액을 넣습니다.

9 실리콘주걱으로 2분 정도 골고루 저어줍니다.

10 핸드블렌더를 약하게 사용하여 교반을 합니다.

11 에센셜오일을 첨가합니다.

12 에센셜오일이 골고루 섞이도록 실리콘주걱으로 충분히 저어줍니다.

13 비누액이 수프보다 무거운 점도가 되면 종이컵에 비누액을 5g 정도 덜어둡니다.

14 13에 액상 티타늄옥사이드를 첨가하여 화이트컬러를 만듭니다.

15 스테인리스비커의 비누액은 블루 액상 옥사이드와 숯 분말을 첨가하여 네이비컬러를 만듭니다.

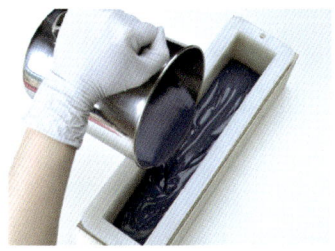

16 걸쭉한 점도가 되면 실리콘몰드에 비누액이 반 정도 채워지도록 넣습니다.

17 달 모양의 속비누를 알맞은 위치에 넣습니다.

18 스테인리스비커의 비누액을 넣어 달이 보이지 않도록 덮습니다.

19 별 모양의 속비누도 알맞은 위치에 넣습니다.

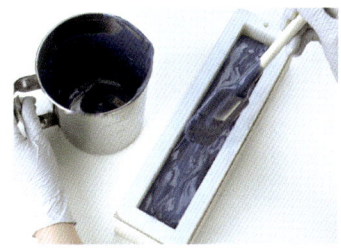

20 스테인리스비커의 비누액을 넣어 달이 보이지 않도록 덮습니다.

21 비누액을 모두 몰드에 넣고 윗면을 정리합니다.

22 플라스틱스푼을 이용하여 비누 윗면에 웨이브를 표현합니다.

23 반대쪽에서 가운데 방향으로 웨이브를 넣습니다.

24 비누 윗면에 호호바 비즈를 골고루 뿌립니다.

25 '준비과정'에서 마련해둔 별 모양으로 데코레이션 합니다.

26 14에 만들어 둔 화이트컬러의 비누액을 산적꽂이에 묻혀 비누 윗면에 찍습니다.

27 실리콘몰드의 뚜껑을 닫고 보온을 합니다.

28 완성된 비누는 원하는 사이즈로 커팅하고 4주 이상의 건조기간이 지나면 pH테스트를 거친 후 사용합니다.

세련되고 모던한 선이 돋보이는
스트레이트라인 비누

스트레이트라인 비누

비누 완성품 1,100g

분류	재료	용량	비고	
베이스오일 (760g)	코코넛(버진)	230g	전체 오일량의 30.3%	포화지방산 : 44.6% 불포화지방산 : 55.4%
	팜	230g	전체 오일량의 30.3%	
	동백	120g	전체 오일량의 15.8%	
	미강	60g	전체 오일량의 7.9%	
	포도씨	60g	전체 오일량의 7.9%	
	해바라기	60g	전체 오일량의 7.9%	
가성소다수용액	가성소다	115.7g	디스카운트 없음	
	정제수(29%)	220g	얼음 180g + 정제수 40g	
에센셜오일	32~33페이지 블렌딩 중 선택1	20ml	비누 총량의 2%	
첨가물	숯 분말	소량		
	옥사이드(액상)	소량	마린블루	
	티타늄디옥사이드(액상)	소량		

도구

핫플레이트, 전자저울, 핸드블렌더, 온도계
플라스틱용기(PP 재질), 유리비커, 스테인리스비커, 플라스틱비커, 실리콘몰드, 실리콘주걱
플라스틱스푼, 니트릴장갑

How to make

1 코코넛오일, 팜오일을 계량하여 60℃로 가열합니다.

2 1에 나머지 베이스오일을 모두 계량합니다.

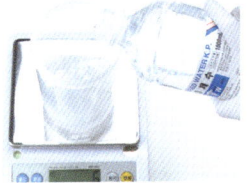

3 뚜껑이 있는 플라스틱용기(PP 재질)에 얼음과 정제수를 계량합니다.

4 가성소다를 계량합니다.

5 3에 가성소다를 넣습니다.

6 곧바로 뚜껑을 닫은 후 원을 그리듯 흔들어 가성소다를 완전히 녹입니다.

7 베이스오일과 가성소다수용액의 온도를 각각 40℃ 정도로 맞춥니다.

8 베이스오일에 가성소다수용액을 넣습니다.

9 실리콘주걱으로 2분 정도 골고루 저어줍니다.

10 핸드블렌더를 약하게 사용하여 교반을 합니다.

11 에센셜오일을 첨가합니다.

12 에센셜오일이 골고루 섞이도록 실리콘주걱으로 충분히 저어줍니다.

13 비누액이 수프와 비슷한 점도가 되면 플라스틱비커에 360g씩 3개를 계량합니다.

14 각각 화이트, 스카이, 네이비컬러를 만들어둡니다.

15 실리콘몰드를 조금 기울여 놓은 상태로 시작합니다.

16 세 가지 컬러의 비누액을 번갈아가면서 실리콘몰드의 벽면을 타고 넣습니다. 이때 왼쪽에서 오른쪽으로 한방향으로만 진행합니다. (왕복 아님)

17 비누액의 양을 많고 적게 불규칙적으로 조절하면서 넣습니다.

18 16과 17의 과정을 반복합니다.

19 비누액이 거의 차면 실리콘몰드를 평
평하게 둡니다.

20 남은 비누액을 모두 넣습니다.

21 실리콘몰드의 뚜껑을 닫고 보온을 합
니다.

22 완성된 비누는 원하는 사이즈로 커팅
하고 4주 이상의 건조기간이 지나면
pH테스트를 거친 후 사용합니다.

●making tip
비누를 커팅하거나 트리밍한 후 남은 조각들을 비
닐봉투에 밀봉하여 보관해두면 촉촉함이 남아 있어
데코용으로 사용할 수 있습니다.
손으로 뭉쳐서 반죽을 부드럽게 한 다음, 몰드에 꼭
꼭 눌러 빼내면 완성됩니다.

둥글게 둥글게~
넓게 퍼지는 라인이 멋스러운

원포인트 비누

원포인트 비누

비누 완성품 550g

분류	재료	용량	비고	
베이스오일 (380g)	코코넛(버진)	115g	전체 오일량의 30.3%	포화지방산 : 44.6% 불포화지방산 : 55.4%
	팜	115g	전체 오일량의 30.3%	
	동백	60g	전체 오일량의 15.8%	
	미강	30g	전체 오일량의 7.9%	
	포도씨	30g	전체 오일량의 7.9%	
	해바라기	30g	전체 오일량의 7.9%	
가성소다수용액	가성소다	57.9g	디스카운트 없음	
	정제수(29%)	110g	얼음 90g + 정제수 20g	
에센셜오일	32~33페이지 블렌딩 중 선택1	10ml	비누 총량의 2%	
첨가물	옥사이드(액상)	소량	그린크롬, 레드, 옐로레이크	
	티타늄디옥사이드(액상)	소량		

도구

핫플레이트, 전자저울, 핸드블렌더, 온도계

플라스틱용기(PP 재질), 유리비커, 스테인리스비커, 플라스틱비커, 실리콘몰드, 실리콘주걱

플라스틱스푼, 니트릴장갑, 뾰족튜브용기(케첩용기) 3개

How to make

1 코코넛오일, 팜오일을 계량하여 60℃로
가열합니다.

2 1에 나머지 베이스오일을 모두 계량합
니다.

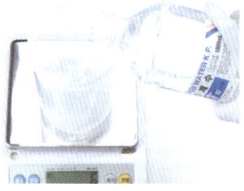

3 뚜껑이 있는 플라스틱용기(PP 재질)에
얼음과 정제수를 계량합니다.

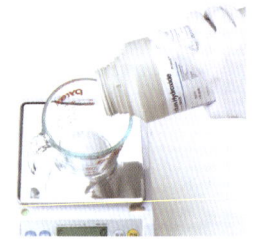

4 가성소다를 계량합니다.

5 3에 가성소다를 넣습니다.

6 곧바로 뚜껑을 닫은 후 원을 그리듯 흔
들어 가성소다를 완전히 녹입니다.

7 베이스오일과 가성소다수용액의 온도
를 각각 40℃ 정도로 맞춥니다.

8 베이스오일에 가성소다수용액을 넣습
니다.

9 실리콘주걱으로 2분 정도 골고루 저어
줍니다.

10 핸드블렌더를 약하게 사용하여 교반을 합니다.

11 에센셜오일을 첨가합니다.

12 에센셜오일이 골고루 섞이도록 실리콘주걱으로 충분히 저어줍니다.

13 비누액이 수프보다 좀 더 걸쭉한 점도가 되면 플라스틱비커에 비누액을 180g씩 3개 덜어둡니다.

14 액상 옥사이드와 액상 티타늄디옥사이드를 첨가하여 다크오렌지, 화이트, 브라운컬러를 만듭니다.

15 뾰족튜브용기에 각각 비누액을 1/4씩 넣어 준비합니다(비누액을 많이 넣으면 위치를 잡기 전에 조금만 기울여도 비누액이 흘러나올 수 있으므로 조금씩 덜어서 사용합니다).

16 실리콘몰드의 중심 부분에 브라운, 다크오렌지, 화이트컬러의 비누액을 번갈아가면서 넣습니다.

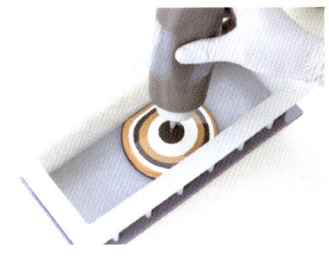

17 중심점이 흐트러지지 않도록 합니다.

18 세 가지 컬러의 비누액을 번갈아가면서 계속 반복합니다.

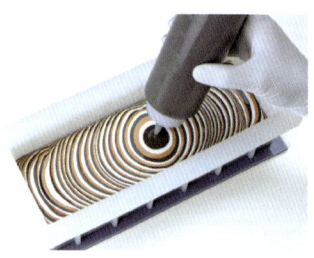
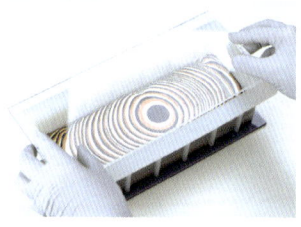

19 점도가 점점 높아서 비누액이 위로 오목하게 쌓일 때는 몰드를 바닥에 붙인 채로 한번만 살짝 흔들어 움직입니다.

20 마지막 비누액은 가장 진한 컬러인 브라운으로 마무리합니다.

21 실리콘몰드의 뚜껑을 닫고 보온을 합니다.

22 완성된 비누는 원하는 사이즈로 커팅하고 4주 이상의 건조기간이 지나면 pH테스트를 거친 후 사용합니다.

먹음직스러운 비누

프렌치프라이 비누

데코

프렌치프라이 비누

비누 완성품 1,300g

분류	재료	용량	비고	
베이스오일 (760g)	코코넛(버진)	230g	전체 오일량의 30.3%	포화지방산 : 44.6% 불포화지방산 : 55.4%
	팜	230g	전체 오일량의 30.3%	
	동백	120g	전체 오일량의 15.8%	
	미강	60g	전체 오일량의 7.9%	
	포도씨	60g	전체 오일량의 7.9%	
	해바라기	60g	전체 오일량의 7.9%	
가성소다수용액	가성소다	115.7g	디스카운트 없음	
	정제수(29%)	220g	얼음 180g + 정제수 40g	
에센셜오일	32~33페이지 블렌딩 중 선택1	20ml	비누 총량의 2%	
첨가물	옥사이드(액상)	소량	레드, 옐로레이크	
	자투리비누	200g	데코레이션용	

도구

핫플레이트, 전자저울, 핸드블렌더, 온도계
플라스틱용기(PP 재질), 유리비커, 스테인리스비커, 플라스틱비커, 실리콘몰드, 실리콘주걱
플라스틱스푼, 니트릴장갑, 종이컵, 도마, 포테이토나이프

준비과정

1 프렌치프라이를 표현할 연노랑색의 자
투리비누를 포테이토나이프로 썰어 준
비합니다.

How to make

1 코코넛오일, 팜오일을 계량하여 60℃로
가열합니다.

2 1에 나머지 베이스오일을 모두 계량합
니다.

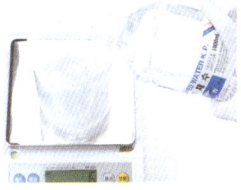

3 뚜껑이 있는 플라스틱용기(PP 재질)에
얼음과 정제수를 계량합니다.

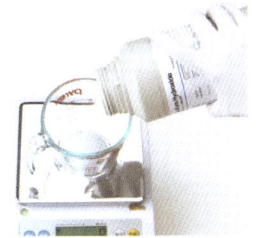

4 가성소다를 계량합니다.

5 3에 가성소다를 넣습니다.

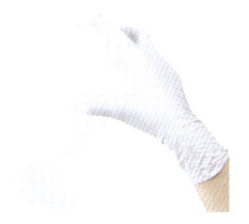

6 곧바로 뚜껑을 닫은 후 원을 그리듯 흔
들어 가성소다를 완전히 녹입니다.

7 베이스오일과 가성소다수용액의 온도를 각각 40℃ 정도로 맞춥니다.

8 베이스오일에 가성소다수용액을 넣습니다.

9 실리콘주걱으로 2분 정도 골고루 저어줍니다.

10 핸드블렌더를 약하게 사용하여 교반을 합니다.

11 에센셜오일을 첨가합니다.

12 에센셜오일이 골고루 섞이도록 실리콘주걱으로 충분히 저어줍니다.

13 비누액이 수프와 비슷한 점도가 되면 비누액에 액상 옥사이드를 첨가하여 밝은 레드컬러로 만듭니다.

14 컬러가 골고루 섞이도록 실리콘주걱으로 저어둡니다.

15 비누액이 걸쭉한 상태가 되면 몰드에 모두 넣고 비누액이 출렁거리지 않을 때까지 보온을 합니다.

16 비누액 윗면이 출렁거리지 않으면 종이컵 뒤쪽을 이용하여 실리콘몰드 윗부분의 비누액을 긁어가면서 둥근 곡선을 만듭니다.

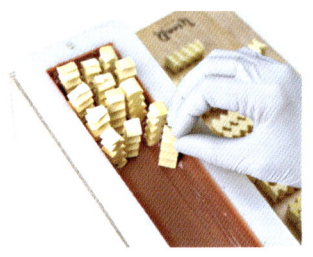

17 준비해둔 포테이토 모양의 비누를 꽂아 데코레이션합니다.

18 데코레이션을 끝내고 보온을 시작합니다.

19 완성된 비누는 원하는 사이즈로 커팅하고 4주 이상의 건조기간이 지나면 pH테스트를 거친 후 사용합니다.

알록달록 과녁을 닮은

라운드&라운드 비누

라인

라운드&라운드 비누

비누 완성품 500g

분류	재료	용량	비고	
베이스오일 (380g)	코코넛(버진)	115g	전체 오일량의 30.3%	포화지방산 : 44.6% 불포화지방산 : 55.4%
	팜	115g	전체 오일량의 30.3%	
	동백	60g	전체 오일량의 15.8%	
	미강	30g	전체 오일량의 7.9%	
	포도씨	30g	전체 오일량의 7.9%	
	해바라기	30g	전체 오일량의 7.9%	
가성소다수용액	가성소다	57.9g	디스카운트 없음	
	정제수(29%)	110g	얼음 90g + 정제수 20g	
에센셜오일	32~33페이지 블렌딩 중 선택1	10ml	비누 총량의 2%	
첨가물	숯 분말	소량		
	옥사이드(액상)	소량	레드, 옐로레이크	
	티타늄디옥사이드(액상)	소량		

도구

핫플레이트, 전자저울, 핸드블렌더, 온도계

플라스틱용기(PP 재질), 유리비커, 스테인리스비커, 플라스틱비커, 아크릴몰드, 실리콘주걱

플라스틱스푼, 니트릴장갑, 종이컵, 줄눈튜브용기 3개

준비과정

1 줄눈용기의 앞부분을 잘라 준비합니다.

How to make

1 코코넛오일, 팜오일을 계량하여 60℃로 가열합니다.

2 1에 나머지 베이스오일을 모두 계량합니다.

3 뚜껑이 있는 플라스틱용기(PP 재질)에 얼음과 정제수를 계량합니다.

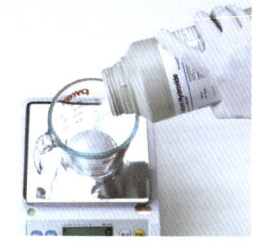

4 가성소다를 계량합니다.

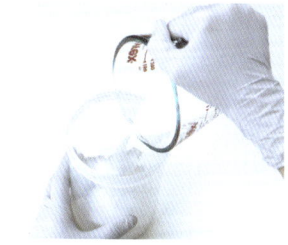

5 3에 가성소다를 넣습니다.

6 곧바로 뚜껑을 닫은 후 원을 그리듯 흔들어 가성소다를 완전히 녹입니다.

7 베이스오일과 가성소다수용액의 온도
를 각각 40℃ 정도로 맞춥니다.

8 베이스오일에 가성소다수용액을 넣습
니다.

9 실리콘주걱으로 2분 정도 골고루 저어
줍니다.

10 핸드블렌더를 약하게 사용하여 교반
을 합니다.

11 에센셜오일을 첨가합니다.

12 에센셜오일이 골고루 섞이도록 실리
콘주걱으로 충분히 저어줍니다.

13 비누액이 스프보다 조금 약한 점도가
되면 종이컵에 180g씩 3개 덜어둡니
다.

14 13에 각각 숯분말, 레드옥사이드, 티타
늄디옥사이드를 넣어 컬러를 만듭니
다.

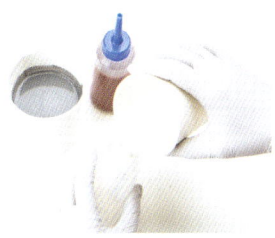

15 줄눈용기에 비누액을 각각 담습니다.

16 줄눈용기를 몰드 안쪽 바닥으로 최대한 낮춘 후 용기를 살며시 눌러 비누액을 넣습니다. 이때 비누액은 용기를 거꾸로 해도 흘러나오지 않을 정도의 점도여야 합니다.

17 컬러를 바꾸고 중심점을 유지하면서 비누액을 넣습니다.

18 컬러를 번갈아가며 순서대로 비누액을 모두 넣습니다.

19 아크릴몰드의 뚜껑을 닫고 보온을 합니다.

20 완성된 비누는 원하는 사이즈로 커팅하고 4주 이상의 건조기간이 지나면 pH테스트를 거친 후 사용합니다.

기하학적 면 분할이 독특한
사선층 비누

분할

사선층 비누

비누 완성품 1,100g

분류	재료	용량	비고	
베이스오일 (760g)	코코넛(버진)	230g	전체 오일량의 30.3%	포화지방산 : 44.6% 불포화지방산 : 55.4%
	팜	230g	전체 오일량의 30.3%	
	동백	120g	전체 오일량의 15.8%	
	미강	60g	전체 오일량의 7.9%	
	포도씨	60g	전체 오일량의 7.9%	
	해바라기	60g	전체 오일량의 7.9%	
가성소다수용액	가성소다	115.7g	디스카운트 없음	
	정제수(29%)	220g	얼음 180g + 정제수 40g	
에센셜오일	32~33페이지 블렌딩 중 선택1	20ml	비누 총량의 2%	
첨가물	옐로클레이 분말	소량		
	그린클레이 분말	소량		
	티타늄디옥사이드(액상)	소량		
	마이카	소량	브라운	

도구

핫플레이트, 전자저울, 핸드블렌더, 온도계

플라스틱용기(PP 재질), 유리비커, 스테인리스비커, 플라스틱비커, 실리콘몰드, 실리콘주걱

플라스틱스푼, 니트릴장갑, 마이카용 스프레이용기

How to make

1 코코넛오일, 팜오일을 계량하여 60℃로 가열합니다.

2 1에 나머지 베이스오일을 모두 계량합니다.

3 뚜껑이 있는 플라스틱용기(PP 재질)에 얼음과 정제수를 계량합니다.

4 가성소다를 계량합니다.

5 3에 가성소다를 넣습니다.

6 곧바로 뚜껑을 닫은 후 원을 그리듯 흔들어 가성소다를 완전히 녹입니다.

7 베이스오일과 가성소다수용액의 온도를 각각 40℃ 정도로 맞춥니다.

8 플라스틱비커에 베이스오일 220g씩 2개를 계량합니다.

9 각각의 오일에 옐로클레이 분말과 그린클레이 분말을 넣고 분말이 뭉치지 않도록 미니블렌더를 사용하여 골고루 블렌딩합니다.

10 비누의 투명한 느낌을 없애기 위해 액
상 티타늄디옥사이드를 소량씩 첨가
합니다.

11 옐로클레이 분말이 들어 있는 플라스
틱비커에 가성소다수용액 97g을 넣고
핸드블렌더를 약하게 사용하여 교반
을 합니다.

12 실리콘몰드를 기울여서 준비해둡니다.

13 11의 비누액에 에센셜오일 6ml를 넣고
골고루 저어 수프보다 약간 무거운 점
도가 되면 모두 실리콘몰드에 넣고 뚜
껑을 닫은 후 비누액이 출렁거리지 않
을 때까지 잠시 둡니다.

14 비누액이 출렁거리지 않으면 실리콘
몰드의 뚜껑을 열고 스프레이 용기에
담아둔 마이카를 비누 윗면 전체에 골
고루 분사합니다.

15 그린클레이 분말이 들어 있는 플라스
틱비커에 가성소다수용액 97g을 넣고
핸드블렌더를 약하게 사용하여 교반
을 합니다.

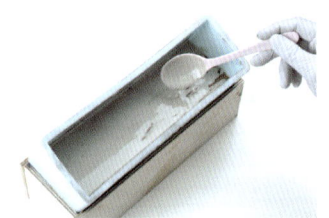

16 15의 비누액에 에센셜오일 6ml를 넣고
골고루 저어 수프보다 약간 무거운 점
도가 되면 플라스틱스푼으로 비누액을
떠서 실리콘몰드에 넣고 뚜껑을 닫은
후 비누액이 출렁거리지 않을 때까지
잠시 둡니다.

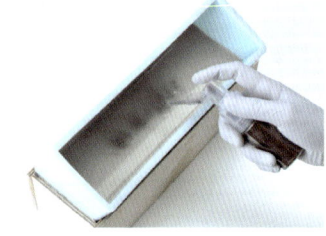

17 비누액이 출렁거리지 않으면 실리콘
몰드의 뚜껑을 열고 스프레이 용기에
담아둔 마이카를 비누 윗면 전체에 골
고루 분사합니다.

18 스테인리스비커에 남아 있는 오일에
남은 가성소다수용액을 모두 넣습니
다.

19 액상 티타늄디옥사이드를 소량 첨가하여 화이트컬러를 만듭니다.

20 실리콘주걱으로 골고루 저은 후 핸드블렌더를 약하게 사용하여 교반을 합니다.

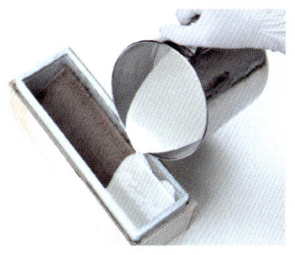

21 비누액에 에센셜오일을 모두 넣고 골고루 저어 수프와 비슷한 점도가 되면 실리콘몰드를 평평하게 놓고 비누액을 모두 부어둡니다.

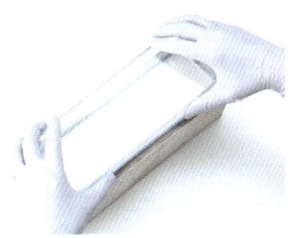

22 실리콘몰드의 뚜껑을 닫고 비누액이 출렁거리지 않을 때까지 보온을 합니다.

23 비누액 윗면이 출렁거리지 않으면 보온고에서 꺼내어 윗면에 웨이브를 표현합니다.

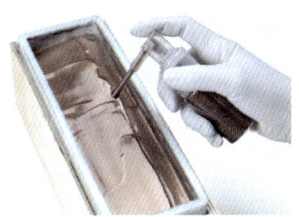

24 스프레이용기에 담긴 마이카를 준비하여 비누액 윗면 전체에 골고루 분사합니다.

25 실리콘몰드의 뚜껑을 닫고 보온을 합니다.

26 완성된 비누는 원하는 사이즈로 커팅하고 4주 이상의 건조기간이 지나면 pH테스트를 거친 후 사용합니다.

● making tip

층이 있는 비누를 만들 때 베이스오일과 가성소다수용액을 비율대로 나누어 별도로 교반을 하는 경우가 있습니다. 가성소다수용액은 충분히 흔들어서 나누고 바로 뚜껑을 닫아둡니다. 베이스오일의 온도가 떨어졌을 경우 가열하여 40℃가 유지되도록 합니다. 가성소다수용액은 온도와 상관없이 그대로 사용해도 됩니다.

부드럽고 고급스러운 컬러의 조합

3단층 비누

3단층 비누

비누 완성품 1,100g

분류	재료	용량	비고	
베이스오일 (760g)	코코넛(버진)	230g	전체 오일량의 30.3%	
	팜	230g	전체 오일량의 30.3%	
	동백	120g	전체 오일량의 15.8%	포화지방산 : 44.6% 불포화지방산 : 55.4%
	미강	60g	전체 오일량의 7.9%	
	포도씨	60g	전체 오일량의 7.9%	
	해바라기	60g	전체 오일량의 7.9%	
가성소다수용액	가성소다	115.7g	디스카운트 없음	
	정제수(29%)	220g	얼음 180g + 정제수 40g	
에센셜오일	32~33페이지 블렌딩 중 선택1	20ml	비누 총량의 2%	
첨가물	꼭두서니 뿌리 분말	소량		
	숯 분말	소량		
	티타늄디옥사이드(액상)	소량		
	마이카	소량	블랙	

도구

핫플레이트, 전자저울, 핸드블렌더, 온도계

플라스틱용기(PP 재질), 유리비커, 스테인리스비커, 플라스틱비커, 실리콘몰드, 실리콘주걱

플라스틱스푼, 니트릴장갑, 차망

How to make

1 코코넛오일, 팜오일을 계량하여 60℃로 가열합니다.

2 1에 나머지 베이스오일을 모두 계량합니다.

3 뚜껑이 있는 플라스틱용기(PP 재질)에 얼음과 정제수를 계량합니다.

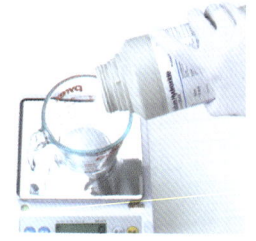

4 가성소다를 계량합니다.

5 3에 가성소다를 넣습니다.

6 곧바로 뚜껑을 닫은 후 원을 그리듯 흔들어 가성소다를 완전히 녹입니다.

7 베이스오일과 가성소다수용액의 온도를 각각 40℃ 정도로 맞춥니다.

8 플라스틱비커에 베이스오일 250g을 계량합니다.

9 6의 가성소다수용액 110g을 덜어 8과 섞어 교반합니다.

10 꼭두서니 뿌리 분말을 넣은 후 비누의 투명한 느낌을 없애기 위해 액상 티타늄디옥사이드도 소량 첨가합니다.

11 비누액에 넣은 분말이 뭉치지 않도록 핸드블렌더를 약하게 사용하여 골고루 블렌딩합니다.

12 에센셜오일 7ml를 넣고 실리콘주걱으로 골고루 섞은 후 비누액이 수프보다 약간 무거운 점도가 되면 몰드에 전부 넣습니다.

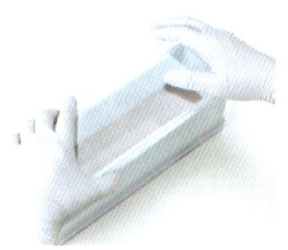

13 실리콘몰드의 뚜껑을 닫고 비누액이 출렁거리지 않을 때까지 보온을 합니다.

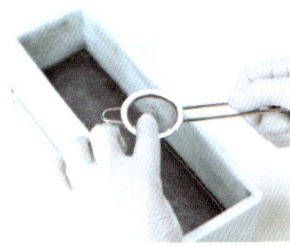

14 비누액 윗면이 출렁거리지 않으면 보온고에서 꺼내고 차망을 이용하여 윗면 전체에 블랙 마이카를 골고루 뿌립니다.

15 플라스틱비커에 베이스오일 250g을 계량합니다.

16 6의 가성소다수용액 110g을 덜어 15와 섞어 교반합니다.

17 숯 분말을 넣은 후 그레이컬러의 비누를 만들기 위해 액상 티타늄디옥사이드도 소량 첨가합니다.

18 비누액에 넣은 분말이 뭉치지 않도록 핸드블렌더를 약하게 사용하여 골고루 블렌딩합니다.

19 에센셜오일 7ml를 넣고 실리콘주걱으로 골고루 섞은 후 비누액이 수프보다 약간 무거운 점도가 되면 몰드에 전부 넣습니다.

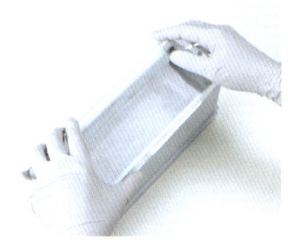

20 실리콘몰드의 뚜껑을 닫고 비누액이 출렁거리지 않을 때까지 보온을 합니다.

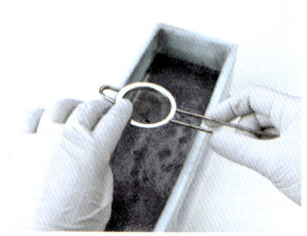

21 비누액 윗면이 출렁거리지 않으면 보온고에서 꺼내고 차망을 이용하여 윗면 전체에 블랙 마이카를 골고루 뿌립니다.

22 남은 베이스오일에 가성소다수용액을 모두 넣습니다.

23 핸드블렌더를 약하게 사용하여 골고루 블렌딩합니다.

24 액상 티타늄옥사이드를 첨가하여 화이트컬러를 만듭니다.

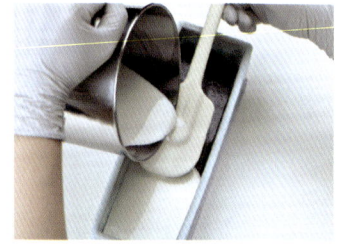

25 남은 에센셜오일을 모두 넣고 실리콘주걱으로 골고루 섞은 후 비누액이 수프보다 약간 무거운 점도가 되면 실리콘주걱을 대고 비누액을 흘려 넣습니다.

26 실리콘몰드의 뚜껑을 닫고 표면이 출렁거리지 않을 때까지 보온한 후 뚜껑을 열어 실리콘주걱으로 윗면에 웨이브를 표현합니다.

27 실리콘몰드의 뚜껑을 닫고 보온한 후 원하는 사이즈로 커팅하고 4주 이상의 건조기간이 지난 후 PH테스트를 거친 후 사용합니다.

눈 쌓인 지붕의 처마에 달린 고드름을 연상시키는
고드름 비누

고드름 비누

비누 완성품 1,100g

분류	재료	용량	비고	
베이스오일 (760g)	코코넛(버진)	230g	전체 오일량의 30.3%	포화지방산 : 44.6% 불포화지방산 : 55.4%
	팜	230g	전체 오일량의 30.3%	
	동백	120g	전체 오일량의 15.8%	
	미강	60g	전체 오일량의 7.9%	
	포도씨	60g	전체 오일량의 7.9%	
	해바라기	60g	전체 오일량의 7.9%	
가성소다수용액	가성소다	115.7g	디스카운트 없음	
	정제수(29%)	220g	얼음 180g + 정제수 40g	
에센셜오일	32~33페이지 블렌딩 중 선택1	20ml	비누 총량의 2%	
첨가물	옥사이드(액상)	소량	마린블루, 인디언핑크	
	티타늄디옥사이드(액상)	소량		

도구

핫플레이트, 전자저울, 핸드블렌더, 온도계

플라스틱용기(PP 재질), 유리비커, 스테인리스비커, 플라스틱비커, 실리콘몰드, 실리콘주걱

플라스틱스푼, 니트릴장갑, 나무젓가락

How to make

1 코코넛오일, 팜오일을 계량하여 60℃로 가열합니다.

2 1에 나머지 베이스오일을 모두 계량합니다.

3 뚜껑이 있는 플라스틱용기(PP 재질)에 얼음과 정제수를 계량합니다.

4 가성소다를 계량합니다.

5 3에 가성소다를 넣습니다.

6 곧바로 뚜껑을 닫은 후 원을 그리듯 흔들어 가성소다를 완전히 녹입니다.

7 베이스오일과 가성소다수용액의 온도를 각각 40℃ 정도로 맞춥니다.

8 베이스오일에 가성소다수용액을 넣습니다.

9 실리콘주걱으로 2분 정도 골고루 저어줍니다.

10 핸드블렌더를 약하게 사용하여 교반을 합니다.

11 에센셜오일을 첨가합니다.

12 에센셜오일이 골고루 섞이도록 실리콘주걱으로 충분히 저어줍니다.

13 비누액이 수프와 비슷한 점도가 되면 플라스틱비커에 350g을 덜어둡니다.

14 스테인리스비커의 비누액에 블루바이올렛컬러를, 플라스틱비커에 화이트컬러를 만들어둡니다.

15 비누액이 걸쭉해지면 실리콘몰드에 블루바이올렛컬러의 비누액을 모두 넣습니다.

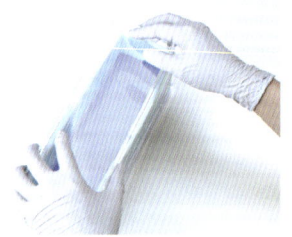

16 실리콘몰드의 뚜껑을 닫고 비누액이 출렁거리지 않을 때까지 보온을 합니다.

17 비누액 윗면이 출렁거리지 않으면 보온고에서 꺼내어 나무젓가락으로 가로선의 홈을 파냅니다.

18 화이트컬러의 비누액을 플라스틱스푼으로 떠서 넣습니다.

  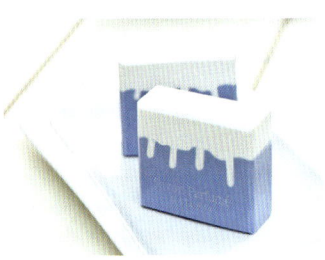

19 비누액의 1/2 정도를 실리콘몰드에 넣었다면 나머지는 플라스틱스푼을 대고 조심히 부어둡니다.

20 실리콘몰드의 뚜껑을 닫고 보온을 합니다.

21 완성된 비누는 원하는 사이즈로 커팅하고 4주 이상의 건조기간이 지나면 pH테스트를 거친 후 사용합니다.

커피와 레몬의 조화로움에 스크럽 기능까지 더한

더치커피 레몬 비누

더치커피 레몬 비누

비누 완성품 1,100g

분류	재료	용량	비고
베이스오일 (760g)	코코넛(버진)	230g	전체 오일량의 30.3%
	팜	230g	전체 오일량의 30.3%
	동백	120g	전체 오일량의 15.8%
	미강	60g	전체 오일량의 7.9%
	포도씨	60g	전체 오일량의 7.9%
	해바라기	60g	전체 오일량의 7.9%
가성소다수용액	가성소다	115.7g	디스카운트 없음
	더치커피 원액(29%)	220g	얼린 더치커피 원액 180g + 냉장 더치커피 원액 40g
에센셜오일	32~33페이지 블렌딩 중 선택1	20ml	비누 총량의 2%
첨가물	원두커피 분말	2g	
	티타늄디옥사이드(액상)	소량	
	커피원두	10	데코레이션용
	드라이 레몬	3	

비고란에는 "포화지방산 : 44.6% / 불포화지방산 : 55.4%"가 베이스오일 전체에 해당하는 내용으로 표기되어 있다.

도구

핫플레이트, 전자저울, 핸드블렌더, 온도계
플라스틱용기(PP 재질), 유리비커, 스테인리스비커, 플라스틱비커, 실리콘몰드, 실리콘주걱
플라스틱스푼, 니트릴장갑

How to make

1 코코넛오일, 팜오일을 계량하여 60℃로 가열합니다.

2 1에 나머지 베이스오일을 모두 계량합니다.

3 뚜껑이 있는 플라스틱용기(PP 재질)에 얼려놓은 더치커피 원액을 계량합니다.

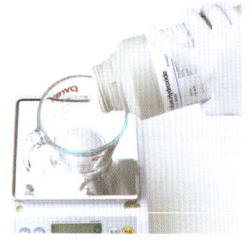

4 가성소다를 계량합니다.

5 3에 가성소다를 넣습니다.

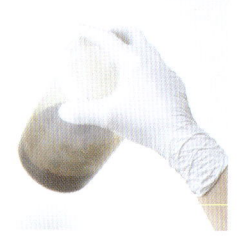

6 곧바로 뚜껑을 닫은 후 원을 그리듯 흔들어 가성소다를 완전히 녹입니다.

7 베이스오일과 가성소다수용액의 온도가 각각 40℃가 되면 베이스오일에 6을 넣습니다.

8 실리콘주걱으로 2분 정도 골고루 저어줍니다.

9 베이스오일에 원두커피 분말을 넣습니다

10 핸드블렌더를 약하게 사용하여 교반
을 합니다.

11 에센셜오일을 첨가한 후 골고루 섞이
도록 실리콘주걱으로 충분히 저어줍
니다.

12 플라스틱비커에 비누액을 340g 덜고
나머지는 스테인리스비커에 그대로
둡니다.

13 12에 액상 티타늄디옥사이드를 첨가
하고 골고루 저어둡니다.

14 비누액이 걸쭉해지면 실리콘몰드에
스테인리스비커의 비누액을 넣습니다.

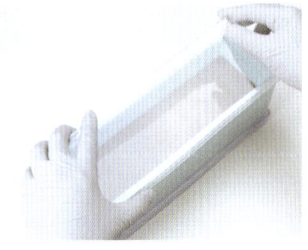

15 실리콘몰드의 뚜껑을 닫고 비누액이
출렁거리지 않을 때까지 보온을 합니
다. 340g 덜어둔 비누액도 같이 보온
합니다.

16 비누액 윗면이 출렁거리지 않으면 보
온고에서 꺼내고 340g 덜어둔 비누액
을 플라스틱스푼으로 조심히 떠 넣습
니다.

17 실리콘몰드의 뚜껑을 닫고 웨이브를
쌓을 수 있을 때까지 잠시 보온을 합
니다(트레이스 상태에 따라 보온시간
다릅니다).

18 보온고에서 꺼내고 플라스틱스푼으로
비누 윗면에 웨이브를 표현합니다.

19 커피원두와 드라이 레몬을 꽂아 데코 레이션합니다.

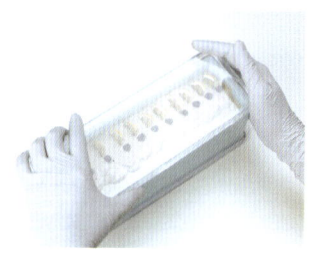

20 실리콘몰드의 뚜껑을 닫고 보온을 합니다.

21 완성된 비누는 원하는 사이즈로 커팅하고 4주 이상의 건조기간이 지나면 pH테스트를 거친 후 사용합니다.

대리석의 고급스러움을 비누에 고스란히 담아낸

대리석 큐브 비누

마블

대리석 큐브 비누

비누 완성품 1,100g

분류	재료	용량	비고	
베이스오일 (760g)	코코넛(버진)	230g	전체 오일량의 30.3%	포화지방산 : 44.6% 불포화지방산 : 55.4%
	팜	230g	전체 오일량의 30.3%	
	동백	120g	전체 오일량의 15.8%	
	미강	60g	전체 오일량의 7.9%	
	포도씨	60g	전체 오일량의 7.9%	
	해바라기	60g	전체 오일량의 7.9%	
가성소다수용액	가성소다	115.7g	디스카운트 없음	
	정제수(29%)	220g	얼음 180g + 정제수 40g	
에센셜오일	32~33페이지 블렌딩 중 선택1	20ml	비누 총량의 2%	
첨가물	코코아(카카오) 분말	15g		
	티타늄디옥사이드(액상)	소량		

도구

핫플레이트, 전자저울, 핸드블렌더, 온도계
플라스틱용기(PP 재질), 유리비커, 스테인리스비커, 플라스틱비커, 실리콘몰드, 실리콘주걱
플라스틱스푼, 니트릴장갑, 종이컵, 산적꽂이

How to make

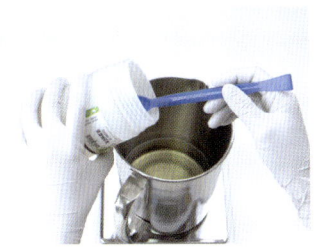

1 코코넛오일, 팜오일을 계량하여 60℃로 가열합니다.

2 1에 나머지 베이스오일을 모두 계량합니다.

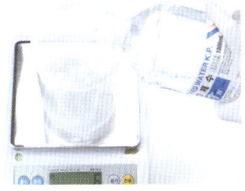

3 뚜껑이 있는 플라스틱용기(PP 재질)에 얼음과 정제수를 계량합니다.

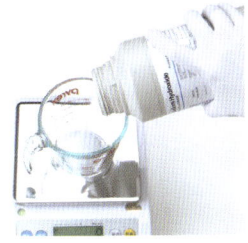

4 가성소다를 계량합니다.

5 3에 가성소다를 넣습니다.

6 곧바로 뚜껑을 닫은 후 원을 그리듯 흔들어 가성소다를 완전히 녹입니다.

7 베이스오일과 가성소다수용액의 온도를 각각 40℃ 정도로 맞춥니다.

8 베이스오일에 가성소다수용액을 넣습니다.

9 실리콘주걱으로 2분 정도 잠시 저어줍니다.

10 비누액이 수프와 비슷한 점도가 되면 화이트컬러를 표현할 비누액 50g을 종이컵에 덜어둡니다.

11 스테인리스비커에 있는 비누액에 코코아 분말(카카오 분말)을 첨가합니다.

12 핸드블렌더를 약하게 사용하여 교반을 합니다.

13 에센셜오일을 첨가한 후 골고루 섞이도록 실리콘주걱으로 충분히 저어줍니다.

14 10의 비누액에 액상 티타늄디옥사이드를 첨가하고 미니블렌더를 사용하여 골고루 섞으면서 트레이스를 냅니다.

15 11의 비누액을 실리콘몰드에 붓기 쉽도록 플라스틱비커에 옮겨 담습니다.

16 실리콘몰드에 200g 정도 부어둡니다.

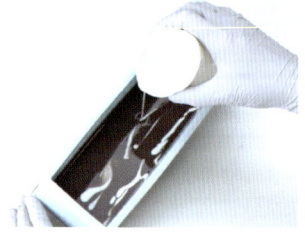

17 실리콘몰드를 조금 기울여 놓은 상태로 화이트컬러의 비누액을 조금씩 부으면서 가로 방향으로 지나갑니다. 몇 줄 반복합니다.

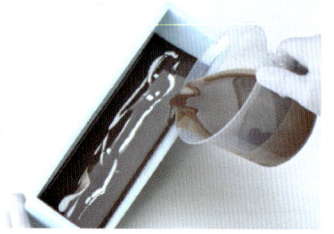

18 15의 비누액을 부으면서 가로 방향으로 지나갑니다.

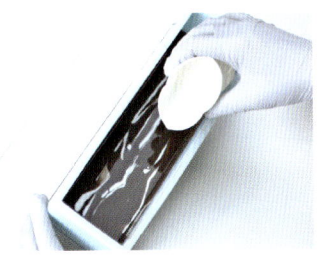

19 17과 18의 과정을 반복하여 비누액을 모두 실리콘몰드에 넣습니다.

20 실리콘몰드를 평평하게 놓고 산적꽂이를 이용하여 결 방향으로 투박한 라인들을 자연스럽게 연결하고 정리합니다.

21 실리콘몰드의 뚜껑을 닫고 보온을 합니다.

22 완성된 비누는 원하는 사이즈로 커팅하여 4주 이상의 건조기간이 지나면 pH테스트를 거친 후 사용합니다.

● making tip

큐브형 비누를 만들 때는 일반적으로 사용하는 1kg 몰드보다 폭이 좁은 몰드(보라색)를 사용하면 트리밍 후 남는 자투리비누의 양을 줄일 수 있습니다.
비누를 사용할 때는 큐브 형태를 1/2로 자른 후 사용하면 편리합니다.

INDEX